南无本师释迦牟尼佛

全知麦彭仁波切

中论释

——善解龙树密意庄严论

全知麦彭仁波切 著

索达吉 译

西藏藏文古籍出版社

图书在版编目（CIP）数据

中论释 /（清）全知麦彭仁波切著；索达吉译.
—拉萨：西藏藏文古籍出版社，2019.2
ISBN 978-7-80589-483-6

Ⅰ.①中… Ⅱ.①全… ②索… Ⅲ.①中观派—研究 Ⅳ.①B946.9

中国版本图书馆 CIP 数据核字（2014）第 052991 号

中论释

作　　者　（清）全知麦彭仁波切 著　索达吉 译
责任编辑　郭晓斐　唐　傲
出　　版　西藏藏文古籍出版社（拉萨市色拉路 22 号 邮编：850000）
　　　　　第二编辑部（北京）：北京市东土城路 8 号林达大厦 A 座 13 层
　　　　　邮编：100013　　电话：010-64462318
　　　　　打击盗版：0891-6649998 13908990085
印　　刷　北京盛通印刷股份有限公司
经　　销　全国新华书店
开　　本　16 开（710×1 000）
印　　张　25
彩　　插　4 页
字　　数　330 千
版　　次　2019 年 2 月第 1 版
印　　次　2019 年 2 月第 1 次印刷
印　　数　1—10000
标准书号　ISBN 978-7-80589-483-6
定　　价　59.00 元

前 言

在浩如烟海的佛学论典中，阐释佛陀二转法轮密意——般若空性的大小经论，可谓卷帙浩繁；先后涌现出的各派论师，也是盈千累万。但能亲得佛陀授记，开创甚深见之妙道，以远离四边戏论慧炬照亮娑婆世界，使世人得以窥见凡夫分别心难以测度的究竟实相之典范人物，非龙树菩萨莫属。尊者凭借超凡入圣的俱生智慧，集《般若经》之所有精华于一体，撰著了诠说般若空性的中观论典之根本源泉——中观理集诸论[1]。

关于中观理集诸论的具体范围，各大论师的观点稍有不同。无垢光尊者在《胜乘宝藏论》以及布顿仁波切在《佛教史大宝藏论》中一致认为：中观理集诸论包括《中观根本慧论》《六十正理论》《七十空性论》《回诤论》《细研磨论》和《成名言论》；宗喀巴大师在《中观根本慧论释·理证海》中解说中观理集诸论时，将《成名言论》换成了《中观宝鬘论》；萨迦派的果仁巴论师在《入中论释》中，以不赞同的语气认为：在藏地的论典中，从未出现过《成名言论》的译本；月称菩萨在《显句论》中也只提到参阅过其他理集五论，没有提及《成名言论》。既然连广闻博学的月称菩萨都没有言及该论，或许在印度的论典中，该论也是子虚乌有。有人认为应该加上《中观宝鬘论》，这种说法还是不合理，因为《中观宝鬘论》应当属于《教言集》的范畴。

1 龙树菩萨的著作，包含了《中观理集》《赞颂集》《教言集》等，有人将其中的《中观理集》，翻译为《中观理聚》，以鄙人管窥之见，此译稍有欠妥，故改为《中观理集》，望斟酌。

尽管各派的观点各不相同，但被众多学说所公认的一点，就是《中观根本慧论》在中观论典之繁茂大树中，有如树根般不可撼动之重要地位。前辈智者恰如其分地将其形容为："莹心神之砥砺，越溟崄之舟舆，骇昏识之雷霆，照幽涂之日月。"[1]

在藏地的各大寺院中，《中观根本慧论》《入中论》以及《中观四百论》是修学中观的必修课程。要想通达中观要领，必须深入细致地闻思这些论典。如果以不求甚解的态度，蜻蜓点水、囫囵吞枣般地草草而过，则不可能领略究竟空性的胜妙法味。

在物欲横流的末法时代，有的世间人往往耽著于词句，忽略了深藏于词句之间的精华意旨，执妄为真，视邪为正。此类人，已经弃本逐末，徒见中观之名，而丢失中观之实了。这种人，正是释慧赜在《般若灯论释序》中所说的"颠沛断常之间，造次有无之内。守名丧实，攀叶亡根者"，如果就这样荒废此生，实在令人遗憾。

而有的人又对中观论著不屑一顾，一味追求气脉明点等便捷之径。但是，对于没有在多生累劫中聚积资粮、忏悔罪障的大多数修行人而言，这些高深之法无异于夏炉冬扇，在目前是不会有任何益处的。欲速则不达，要想证悟究竟空性，获得自他二利，必须首先打牢中观基础。而奠定中观之基的首选途径，莫过于修学《中论》。

据记载，《中论》的注解多达七十多种，其中流传较广的，有噶里晋美的《无畏论》、佛护论师的《佛护论》、月称菩萨的《显句论》、清辩

---

1 "莹心神之砥砺，越溟崄之舟舆，骇昏识之雷霆，照幽涂之日月。"意即明澈思想的磨刀石，渡越汹涌沧海的船只，警醒昏昧心识的霹雳，照亮幽暗征途的日月。

论师的《般若灯论》、安慧菩萨的《大乘中观释论》，以及提婆萨摩、古拏室利、古拏末底三位论师的《中观释论》。

而在藏地论师演释《中论》的著作中，被不同教派所共称道的，分别为果仁巴大师的《中观论详解·正见之光》、宗喀巴大师的《中观根本慧论释·理证海》以及麦彭仁波切的《中论释·善解龙树密意庄严论》。

目前汉地影响较大的《中论》注释，有唐代明知识译师翻译清辩论师的《般若灯论》，宋代施护译师翻译安慧菩萨的《大乘中观释论》，任杰翻译僧成大师的《中观根本慧论文句释宝鬘论》，印顺法师讲解、演培法师整理的《中观论颂讲记》，以及即将整理完毕的慈诚罗珠之《中论讲记》等。

但因上述论著中古代部分文言成分较重，在现代汉语通行，网络语言、外来语言异军突起的当今时代，难免使人有曲高和寡之感。许多有意跨入中观门径的初学者，在面对生涩的语言、深奥的内容时，都不禁望而生畏。

为了迎合现代人的口味，为了证明中观见本应具有的亲和力，为了将藏传佛教的不共理证介绍给汉地信众，为了更多的人能体味般若中观的无限境界，笔者下决心将麦彭仁波切的《中论释·善解龙树密意庄严论》以现代汉语的形式翻译出来，呈献给诸位同道。

麦彭仁波切是公认的文殊菩萨化身，由其所阐释的内容，实非凡夫以三毒而引发、为戏论所主宰的低劣学说所能比拟。该论内容广略适当、浅显易懂，科判条理清晰、层次分明。既避免了因过广而使读者深陷于茫茫教理之海，从而迷失方向的过失，也避免了因过略而使读者懵懵懂懂、不知所云，从而继续徘徊于昏黑冥暗之无明险途的过失。如果能以坚定的信心、坚毅的悲心、坚强的决心、坚忍的进取心深研此论，就一定能透过论中以犀利言词驳斥他宗的表面，发现自相续中深藏不露、钢打铁铸般的边执邪见，并将其作为所破之的。只有这样，才算真正领会了龙树菩萨的究竟意趣——真正的所破，不在于外在的宗派之见，而源于自己的内心。

该论所引用的《中论》颂词，是在尽量保留鸠摩罗什译本的基础上，为了与注释内容相符，并考虑到易于理解的目的，故参照藏文原版做了一定的增减、修改；在藏文原版的科判中，本来有品名一项，因为对分品内容影响不大，为避免烦琐，故将其删减。

由于藏汉文字语言习惯上的差异，以及翻译所用蓝本清晰程度较差并存在少量错漏，因此在翻译过程中，也遇到了事先尚未预料的困难。为了力求精确、完整、易懂，并将错谬率降到最低点，笔者曾反复多次地参阅了上述的藏汉各大论典。

在文中的[ ]中，是为了配合偈颂与现代专用名词，而列举出的与之前词句说法各异，但内涵相同的内容；而在（ ）中，又是为了句子的前后连贯，或者是为了便于理解而增加的藏文原版中不存在的内容。

由于本论的大多数话题，是以辩论的形式引出的，因此为便于区分，故对正反双方的观点，分别采用了不同的字体。

虽然本人曾有幸在三界导师——大恩上师法王如意宝晋美彭措座前完整地恭聆过该论，但由于在下智慧浅陋，理解能力、文字功底与翻译水平都存在着一定的局限；又因为时间仓促、琐事繁重，所以文中难免有疏漏错谬之处，还望诸大智者海涵并斧正。

尽管本论具有不可言传的殊胜性，但对于福德浅薄的劣根、钝根者而言，即使在闻思此论后，也仍然难以对空性正理生起信心，甚至会产生更大的邪见。如本论云：“不能正观空，钝根则自害。如不善咒术，不善捉毒蛇。”因此，为了防止有读者不但不能领悟空性，反而毁害自己的情况出现，凡是对甚深空性持有恐怖、反感心态的人，最好不要翻阅此论。

但是，如果能抛弃邪见，通过闻思此论而对空性之理生起稍许怀疑，也能够依此而坏灭三有轮回的根源，正如《中观四百论》所说：“薄福于此法，都不生疑惑，若谁略生疑，亦能坏三有。”

众多迷恋于神通、执著于外相的人，对面见本尊、佛陀常怀非分之想。有智之人应当清楚，妄想以色相现见佛陀的人，只能误入歧途，而不能见到真正的佛陀。《金刚经》云：“若以色见我，以音声求我，是人行邪道，不能见如来。”

但《金刚经》又云：“若见诸相非相，即见如来。”《圣宝源经》也云：“何人了达寂灭法，必见自然如来尊。”我深信，通过具相善知识的引导，任何一位认真修学本论的有志者，都必定会彻见真佛之本来面目——现空无二之离戏实相。

译者书于喇荣

公元二零零四年六月六日

目 录

圣者龙树菩萨略传

雍怎益西坚赞 著

索达吉 译

诸位大德都曾用“彻见甚深义之圣者龙树菩萨”之美称向尊者表示过由衷的赞叹!

圣者龙树菩萨，是于过去无边无量劫中发心，并于众多无量大劫中精勤不断地积累二资，又于不可言说的世间界中利益无量众生，为了此间刹土佛法的兴盛而应世化现的。

佛陀也曾亲口授记过有关圣者龙树菩萨降临于此娑婆世界，并广弘佛法的内容。

有关佛陀授记龙树菩萨为此间刹土佛法之兴旺而出世，并依照发心在佛陀示现涅槃，佛法趋于衰落的生死存亡之际，及时应化出世，并广弘佛法的经过（，在众多经续中都有所记载）。

关于发心的具体情形，在《大云经》中描述道：“于无量无边大劫之前，转身为一号称‘大精进龙’之圣主大国王，并面谒龙灯如来。尔时，于龙灯如来座前以无量供品广作供养，且抛洒一撮无价之宝并厉立宏愿：于未来世释迦如来教法没落之时，吾将出家，三次发大法音，为正法而舍己之身寿。”经中的文字，绘声绘色地描述了（圣者当初）发心立誓于此刹振兴佛法的经过。

遵照当初的发心，在本师大能仁释迦佛住世期间，一位被誉为“举世见而生喜之离车子[1]童子”也诞生于世，释迦佛在如海般众多的眷属当中，极力称叹这位童子的广大功德，并预言道：在我涅槃四百年之后，（他）将转世为圣者龙树且广弘佛法。

《楞伽经》中云：“南方碑达国，有吉祥比丘，其名呼曰龙，能破有无边，于世弘我教，善说无上乘，证得欢喜地，往生极乐国。”

《文殊根本续》云：“于吾灭度后，四百年之时，比丘龙出世，于教信且利，证得欢喜地，住世六百年。彼圣者修成，孔雀佛母[2]咒，且通诸经论，无实甚深义。弃身离世后，往生极乐刹。最终决定得，正等觉果位。”

《金光明经》中也对“举世见而生喜之离车子童子”予以了高度赞叹，并进一步指出，该童子即后来的大圣者龙树菩萨。

《入中论注疏》中引用《圣大云经一万二千颂》中的内容说道：“阿难，吾灭度后，满四百年，此‘举世见而生喜之离车子童子’转身为比丘，其名曰龙，广弘我教法。后于极净光世界成佛，号智源光。”

《大法鼓经》云：“举世见而生喜之离车子童子，于大师灭度后，人寿八十岁，教法衰微时，转生为名含大师德号之比丘，广弘圣教，满百岁

1 离车子：又译离遮毗族，古代印度一氏族名。
2 孔雀佛母：五部陀罗尼之一。

后往生极乐世界。”

《时轮金刚后续》中，也有该大圣者利益正法及众生的丰功伟绩的授记。

以上所列举的，只是众多授记中的代表而已。佛教圣地印度的智者们一致公认：有关授记大圣者龙树的经续多达百种。

至于大圣者龙树的出生年月，从佛陀描述如来灭度后，受持佛教者们出世情形的正量语中便可一见分晓。

《悲华经》中云：“有问：如来灭度后，何人当受持正法？阿难，迦叶比丘与汝二人，当于四十余年中受持吾之正教。”

正如此等授记所言，在佛陀示现涅槃之后，上座大迦叶、阿难尊者与上座优波离[1]三者，将佛陀言说的所有三藏教义进行了结集。第一次结集不但抑制了正法在世间界的衰落，并且令佛法更加兴旺昌盛。

其后，大迦叶尊者趋入涅槃，阿难尊者一如既往地护持正法长达四十年之久，并令正法越发兴盛。自此依次直至大善见尊者之间的七代付法藏师[2]，都为正法的经久不衰、繁荣光大做出了不朽的功勋。

之后，正值佛陀灭度百年之际，以暴行比丘［又名毗舍离比丘］为首的众多人等，肆无忌惮地鼓吹宣扬“如法（持有）金银”等违背戒律的十非事。使白法方的天尊们不由得哀叹道：“佛法遭遇了重创啊！”并在极

1 优波离：释迦牟尼佛十大弟子之一。初次结集口诵律藏的上座，故说为持律第一。
2 七代付法藏师：传承释迦牟尼教法的最初七代祖师——饮光［迦叶尊者］、庆喜［阿难尊者］、麻衣［奢搦迦尊者］、小护［近护］、有愧、黑色和大善见。

度的忧伤中哀号不已。悲号声响彻了整个赡部洲、四大王天以及三十三天等上天界。

正当白法方的天尊们深陷忧愁哀伤境地而不能自拔之际，魑魅魍魉中却此起彼伏地回荡着一片片欢声笑语。

（于此危急关头，）依照往昔的发心与愿力，阿育王横空出世。以其为施主，聚集上座耶舍等七百阿罗汉，励力灭除邪说，以大悲善逝所宣之律藏为准则而进行了第二次结集。

此时，白法方的天尊们才心满意足地发出了欢畅的笑声。

随着五浊恶世的来临，众生福报日渐衰退，与佛法戒律相抵触的各种邪说大行其道，尤其是声闻十八部的分裂，导致教内各派固持己见，纷争不合的现象比比皆是。大家都师心自用地认为："只有自宗才是真理的持有者，其他宗派的见解都是愚痴荒谬之说。"

无休止的激烈争斗，蹉跎了宝贵的光阴，也使如理如法闻思戒律、专心致志修持禅定的修行者数量骤然陡减。

在声闻乘的众多学说言论中都公然宣称："大乘佛法并非佛所宣说！"随着异端邪说的广为流传，佛法陷入了低迷的谷地。

以大悲世尊的发心与愿力，终于使莫衷一是的人们得到并睹见《哲哲国王梦兆授记经》："迦叶佛告曰：哲哲王，汝之梦兆乃释迦佛教法历程之先兆。"

关于哲哲国王的梦境，在《佛说给孤长者女得度因缘经》中描述道："于迦叶佛时，施主哲哲王偶感十梦：一者梦见有一象王从窗牖出，身虽得出，然尾为窗碍；二者梦见有一渴人而井随其后；三者梦见以一升珍珠贸易于等量沙尘；四者梦见栴檀香木与常木等值；五者梦见悦意园中华果茂盛，忽为他人不予而掠；六者梦见大香象为诸小象刁难；七者梦见有一猕猴身有粪秽，将其所染污于他众；八者梦见猴王灌顶加冕大典；九者梦见整块布匹，为十八人各个执夺，各人手中所获均完整不破；十者梦见有多人众聚集一处，互相斗争论竞是非。

此十梦令大王颇感忧患，生大怖畏。遂问于迦叶佛，佛言：'如所得梦非汝王有损。乃未来世中人寿百岁时，真实圆满正等觉释迦牟尼遗法中，不净比丘弟子虽已出家，但心犹贪着殿堂名利不能解脱，则为如王所梦有一象王从窗牖出，身虽得出，然尾为窗碍者所兆；如王所梦有一渴人而井随其后者，（是彼遗法中有诸比丘，）虽身居庙堂，然未听受他人说法之兆；如王所梦以珍珠贸易沙尘者，是乃彼时声闻诸众为得饮食而与他人说法之兆；如王所梦栴檀香木与常木等值者，是乃彼时有诸声闻众，以佛经典，视同世间外道典籍之兆；如王所梦悦意园中华果茂盛，忽为盗匪所掠者，是乃彼时不习听闻诸众，以僧伽受用，施予谄媚诸在家众之兆；如王所梦大香象为诸小象刁难者，（是彼遗法中）有诸恶性比丘，压服彼等持戒有德比丘诸众之兆；如王所梦有一猕猴身有粪秽，将其所染污于他众者，是彼遗法中有诸破戒者，毁谤持戒有德比丘之兆；如王所梦见猴王灌顶加冕大典者，是彼遗法中愚痴无德比丘，反为僧中上首之兆；如王所梦整块布匹，为十八人各个执夺，各人手中所获均完整不破者，是乃释迦佛教法分十八部，虽复如是而佛教法亦未破坏之兆；如王所梦有多人众聚集一处互相斗争论竞是非者，是释迦遗法以互相争斗竞辩而趋至隐没之兆。’”

得见此经之后，声闻十八部前嫌尽弃，进入了同心合力、携手并肩的阶段。他们终于明白：各教派之间，只是各自上座的方言有所不同，服饰打扮有细微差异而已。除此之外，在遵从佛陀训导、精勤修持三学、成就解脱果位方面，是完全一致的。闻思修行之风又开始恢复，佛法也因此进入了一段兴盛时期，这就是世人所称的第三次结集。

其后，佛教又逐渐趋向于衰落，特别是大乘佛教，更是呈徒有虚名、日薄西山之势。在佛陀涅槃四百年之际，大圣主龙树菩萨终于诞生于世。

龙树菩萨的降生地，为印度南方的碑达巴。当时，一位当地的大婆罗门［龙树菩萨之父］正苦于膝下无子。一天，他在梦中得到授记：如果向一百位婆罗门做法宴斋食，就会得到一个儿子。这位心急如焚的婆罗门赶紧照办，不久，一个男童［龙树菩萨］终于在期待的目光中出生了。

（令人扫兴的是，）相士却预言道：虽然婴儿的面相很贤善，但他的寿命却只有七天。（听到这一消息，原本欣喜若狂的父母一下子被打入了冰窟。不知所措之际，他们连忙）向相士讨教，希望能找到一个化解之方。（相士回答说：）“如果能向一百位婆罗门做法宴斋食，就能将他的寿命延至七个月；如果能向一百名比丘做法宴斋食，他的寿命就能增至七年。除此之外，就再也没有其他办法了。”（听完相士的回答，）黔驴技穷的父母也只好遵循此策。

随着七年期限的逼近，做父母的实在不能忍受眼睁睁地看见亲生儿子的尸体出现在自己跟前，遭遇白发人送黑发人。不得已，只好将（年幼的龙树）和仆人逐出家门。

（主仆二人从此浪迹天涯，四海为家，经历了漫长而艰难的漂泊历程，）他们先朝拜了羯沙流波坭[1]，随后又流落到那烂陀寺的罗睺罗门前。（历经沧桑的龙树心事重重，百感交集地）以婉转悠扬、令人心碎的腔调唱起了吠陀经。（哀怨的诵经声打动了）一位大婆罗门，他将菩萨童子请进了家中，并关切地询问事情原委。

（龙树菩萨）只得将自己的身世娓娓道出。（大婆罗门听完后，当即回答说：）如果能够出家，就能免遭此难。（山穷水尽的龙树）连忙答应了将来出家的安排。

（大婆罗门罗睺罗）在坛城中授予（龙树菩萨）无量寿佛摧伏死主灌顶，并嘱咐他务必精进持诵密咒，特别是在第七年的最后一个晚上，更是要通宵达旦彻夜念诵。依此良策，终于使他摆脱了死主的围困。

八岁那年，他削发出家，不久便对一切世间学科，以及大小乘的所有经典通达无碍。

之后，他拜见了早已心灰意冷的父母。（意外的重逢，使二老喜出望外、信心倍增。）

他又向大婆罗门请求，希望能将其余的吉祥密集等众多密法予以传

1 羯沙流波坭：梵文译音，意为空行，观音菩萨一古化身立像。

授。（一直对他暗中欣赏的）大婆罗门于是欣然将续部、耳传窍诀及教诫倾囊相赐。

随后，他又在亲教师前得受近圆戒，法号具德比丘。尊者以这种勇于进取的方式，在那烂陀寺圆满地听受了三藏四续的所有传承。最主要的是，由于历世以来一直受到至尊文殊菩萨的摄受，尊者此生也在文殊菩萨化现成天子形象的智宝菩萨前恭聆了所有显密胜法，并将本师释迦牟尼佛于此世间宣说的一切显密秘密奥义彻底了达于心。

此时，一场严重的饥荒正在四处蔓延，很多地方都呈现出一片赤地千里、饿殍遍野的悲凉景象。那烂陀寺僧众们也面临着前所未有的困厄。（于此危急关头，）长老罗睺罗贤任命龙树菩萨担当那烂陀寺安居执事的重任，令其负责僧众们的饮食起居。

（受命于危难之际的）龙树菩萨慷慨应命。他在寺庙中以点金剂将大量红铜变为黄金，（并以此黄金）从无有饥荒的地区换回了稻谷、青稞等所有生活资具，使该寺僧众在十二年的饥馑中没有受到丝毫困扰。

随着时间的推移，失毁戒律的行为日益猖獗，并开始遍布各地，佛教内部的律藏受到了极其沉重的打击。（嫉恶如仇的龙树菩萨）不忍心（看到衰落场面的出现），于是毫不容情地将失坏戒律的数千僧人摈除，又为具缘诸众广为阐演三藏妙法，尤其是将律藏胜法作为彰扬重点。

有如当年世尊在鹿野苑初转法轮敷演四谛妙法一般，当时的智者们将龙树菩萨三次出大妙法音中的第一次——兴利除弊、激浊扬清，整治戒律衰败之行，共称为“戒律大法音”。

此时，魔王波旬出世，并化现成名为“行乐比丘”的僧人。他撰写了大量污蔑诋毁大乘佛法的论典，使大乘佛教的见解与行为都面临着极大的威胁。龙树菩萨力挽狂澜，将各种讨伐邪说、遏恶扬善的理证广为传播，使荒谬邪见遭到了致命的迎头痛击，终致奄奄一息，甚而一蹶不振。

尊者乘胜追击，又向各道各阶层的具缘者广宣三藏妙法。一次，有两位少年也加入了闻法者的行列。（令人惊奇的是，）在他们周围，弥漫着一股浓郁而沁人心脾的芬芳，及至尊者身前，香味忽然消失。（尊者）问其原委，两位童子回答道：“我们是安止龙王的儿子，来到人间就需用果协喀檀香[1]护身。”（龙树菩萨）又问道：“能给我一些这种檀香吗？”（龙子回答道：）“待我们请示父王之后（，才能答复您）。”

随后，（二位龙子赶紧返回龙宫）向龙王禀报。（龙王回答说：）“如果龙树阿阇黎能光临龙宫，我们将予以供奉。”

（得知龙王的条件之后，具有远见卓识的）龙树菩萨瞻瞩到令龙界无量所化诸众能培植善根，以及迎请《般若十万颂》等经典的诸多必要，于是应邀前往龙宫。

以安止龙王等大力龙王为首的无数行善龙众，在向尊者供养了数不胜数的供品之后，便抓住时机祈求传法。

（诸龙之请求正中尊者下怀，）龙树菩萨因势利导，向龙王及其眷属

1 果协喀檀香：马拉雅山所产的一种白旃檀。

细致入微地解说了善妙佛法。（深感受益匪浅的）众位龙王（舍不得尊者就此离去，）便极力挽留尊者能常驻龙宫。

（尊者）婉言相拒道："我此行的目的，是为了筹集修建千万佛塔的檀香[1]，以及迎请各类经函，实在没有空闲久住龙宫。不过我可以答应你们，将来我一定会重返龙宫的。"

众龙王（见劝说无效，遗憾之余，）只好将大量檀香、《般若十万颂》以及众多《陀罗尼经》恭送于尊者，令其携至人间。为了确保龙树阿阇黎能再次光临龙宫，诸龙王（心生一计，强烈）提出："我们必须扣留经函后面的一小部分以作为质押。"

因为从龙宫迎请的《般若十万颂》的《常啼菩萨品》及《胜法品》缺漏，所以（后人）便将《般若八千颂》的最后两品，替换到《般若十万颂》中。因此，广略《般若经》最后两品的内容是完全相同的。

（回到人间）之后，龙树菩萨便利用从龙宫收集的珍贵檀香，建造了千万佛塔等（各种所依）。因为这一切都得益于龙王的大力协助，所以，尊者从此便被世人尊称为"龙树菩萨"。

随后，尊者又前往里喀惹[2]，并利用点金术之所得广作布施。一对婆罗门老夫妇因得到大量（尊者）恩赐的黄金，而生起了无与伦比的信心，老婆罗门自愿担当起侍从的职责，并在尊者前闻听了佛法，死后转生为后来

1 檀香：此处藏文原文本为粘泥，在布顿仁波切所著的《佛教史大宝藏论》中也有"药叉泥"之说，但结合上下文内容及其他资料，故改为檀香，望斟酌。
2 里喀惹：印度一地名，盛产甘蔗。

赫赫有名的大阿阇黎——龙菩提。

在龙树菩萨的带领下，星星点点的佛塔如雨后春笋般拔地而起。

一次，正当他准备将一块酷似铃铛的岩石变为黄金，一位度母化现的老妇人语重心长地提醒道："只有修持佛法，才是事关重大的要举。你应当到吉祥山去修行。"（为了表达感激之情，）他在当地恭造了《度母修法仪轨》。

之后，龙树阿阇黎在印度中土六大城市的所有主要方位，又兴建了不胜枚举的佛殿、佛塔。并为演说佛法的各大上师修建了众多供养处。

他还为感召而至的赡部洲大多数希求趋入佛法，并寻求法义者广赐深妙法义，特别是佛陀亲口所宣的那段教言——"深寂离戏光明无为法，犹如甘露法性吾已得，为谁宣说亦不可证悟，故当无言安住寂林中。"

因为世人极难彻底领会《般若经》之珍宝法义——实相空性，真实无谬的通达者绝无仅有。大多数人在听到此理后都惊恐不已，继而弃置不理。有的人虽然生起了信解，却将无有自性之义执著为单空，从而堕入了断边。

但是，如果不能晓悟空性之义，就无法行进于解脱与证达一切智智之道。（龙树菩萨）意识到这点后，为大悲心所驱使，情不自禁地发出了（令世人）通晓诸法实相均为缘起，在胜义中丝毫自性也不可成立，在名言中黑白业果无爽不欺，但二者之间却并不相违的中观贤妙道之大法音。

以“不生亦不灭……能说是因缘”等偈颂为内容，尊者撰写了《中观根本智慧论颂》及其支分——其他理集诸论[中观六论]。如实地将往昔世尊在灵鹫山赐演的《般若经》珍宝法义，在赡部洲大力彰显，昭然示众，再一次发出了大乘妙法之音。智者们一致公认这次壮举，为大圣者龙树菩萨于赡部洲所发三次大法音中的“第二次出大法音”。

考虑到更多所化诸众的利益，尊者决定起身前往北俱卢洲。途中偶遇一名孩童，尊者因孩童的“则达嘎”手纹，而授记此孩童将成为国王，随后又继续上路赶往北俱卢洲。

到达目的地后，尊者将衣服挂在衣杆上，然后开始沐浴。当他人准备将衣服取走时，尊者一反常态地高声疾呼：“那是我的！”不明就里的当地人便因此而将尊者称为“我所者”。

当北俱卢洲调化众生的事业圆满，尊者重返故土之时，曾被尊者授记将掌管王位的孩童已经成为了一名国王[乐行王]。尊者于是在乐行国王的供养殿中居住了三年，并尽心竭力地广弘精妙佛法。

遵循至尊度母的指点，尊者去往南方的吉祥山。在当地，他主修精髓妙法，并为以大弟子圣天、佛护等众多受持佛法大德为主的无边无量之人与非人众生，精勤不倦地惠赐了深广妙法。一如佛陀再次亲临人间一般，使正法更加欣欣向荣、蒸蒸日上。

为了令佛法永不衰落、恒常住世，尊者在金刚座建造了石网栏[1]与多达

1 石网栏：依照印度的风俗，建造石网栏可以起防止大象的侵扰，起护卫的作用。至今，在金刚座仍可看到石网栏废墟。据《印度佛教史》记载：“金刚座的菩提树遭受大象损害

几百座的佛塔，还对吉祥米积塔[1]进行了装饰，又为诸位僧众修建了为数可观的经堂。并嘱托马哈嘎拉等护法承担起（守护正法的）事业，督促赞扎嘎、增禄天母等诸位财神，务必恭敬承侍供养护持正法的诸位大德及其眷属。尊者以各种方式促进了正法的进一步繁荣兴旺。

尊者后半生的主要精力，都投入在南方吉祥山如同世尊重返人间一般广转显密之轮上面。特别是他所撰著的《赞法界论》等论著，被人们共称为“第三次出大法音”。犹如佛陀当年三转法轮一样，将无以数计的所化之众引入了大乘之道，使佛陀演说的了义经典之义稳如泰山、坚如磐石，不为他人所摧。

为了后世所调诸众的利益，尊者在一生中撰写了数目惊人的阐释三藏四续密意之论典，包括以理证之道宣说趋入佛法圆满精华大乘道之圆满菩提道次第的《中观宝鬘论》、以教证而建立此道的《经集论》、结合道次第精要与佛陀教言的《稻秆经释》，包括《赞至尊了义文殊》等在内的《赞颂集》《密集略修》《经部修法集锦》《菩提心释》《圆满次第之五次第论》《中观根本慧论颂》《六十正理论》《细研磨论》《七十空性论》《回诤论》《亲友书》《百智论》《令众生愉悦之十一颂》《八粗堕》《普贤行愿品合并本释》《梦境如意宝语》《布施语》《出世语》《八加行》《智

时，在菩提树背后立两块石碑，因而多年无事。以后又被损害，在石碑上各立一手执棍棒的摩诃迦罗骑狮像，多年出生饶益。又被损害，于是周围用石格子围绕起来，外面建立一百零八座有神像的塔。”

1 吉祥米积塔：《红史》注释中说道，“吉祥米积塔，为印度东方靠近缅甸的林参城中心的一座佛塔。建造了围墙。”此废墟至今尚在。据《印度佛教史》记载：“……给吉祥米积的塔建立围墙，围墙内建立一百零八座佛殿。”由此可见，龙树菩萨当年所做的装饰，主要是修建围墙和佛殿。

树论》《规范论》《养生篇》等阐释经续密意的论典，另外还有《显密道次第》《四续本尊修法》等异彩纷呈、不拘一格的论著。

龙树菩萨此等壮举，使佛法越发兴盛，也使魔王波旬及其眷属火冒三丈、嫉妒万分，甚至到了不堪忍受的境地。他想不出其他高招，只好钻入乐行王后的胎腹中（伺机作恶）。不久王后临产，生下一名为“具力”的太子。

（时光飞逝，斗转星移，具力太子在优越的环境中一天天长大了。一天，）他的母后将一件世间珍稀难得的无缝衣赠予（爱子，太子告诉母后：）“我现在先把它收藏起来，等到有朝一日我继位登基、治理江山之时再穿它。”母后无奈地告诉儿子：“你的父王与龙树阿阇黎已经成就了等寿金丹术，在阿阇黎没有圆寂之前，你父王是不会死去的。你这辈子恐怕没有希望继位执政了。”

（母后的一席话，使）具力太子生起了极大的忧伤，他抑制不住内心的失望，禁不住悲从中来、号啕大哭。母后连忙安慰道：“你用不着哭泣，（我倒有一个主意。）因为阿阇黎是一位安住于广大菩萨行境界的菩萨，如果你向他索要头颅，他必定会慨然施予的。（如果他圆寂，）你的父王也会因此而命终。这样一来，你就可以登上王位了。”

（听完母后的“高见”，具力太子踌躇满志、跃跃欲试，）他迫不及待地赶到龙树菩萨身前，提出了索要头颅的要求。

大圣者龙树菩萨思索到：“大悲世尊在因地时，也曾行持过布施头颅等菩萨难行。我也应当如此追循佛陀的足迹，继承佛陀的事业。为了慑服魔王波旬，为了利益后代众生，为了诸大佛子能生起勇气，我应当行此布施。”想到这里，尊者爽快地答应了索要头颅的要求。

（王子喜不自禁，立刻挥起）宝剑向尊者的头颅砍去，然而头颅却并没有被砍掉。尊者和蔼地向目瞪口呆的王子解释道：“往昔我在刈割茅草时，曾割断过一只小虫的脖颈，因为这个罪过，所以用吉祥草便可以砍断我的头颅。”王子遵言而行，果然如愿割断了尊者的头颅。

此时，只见殷红的鲜血化为了白色的乳汁，龙树菩萨的头颅吟出了振聋发聩的一段自白：“我今往生极乐刹，将来亦入此身体。”

王子担心头颅会重新复原，便将其扔到了一由旬以外的地方。因为龙树菩萨已成就了金丹术，所以其法体与头颅都化为了顽石。（令人惊讶的是，法体与头颅）不但没有随着时光的流逝而风化，而且因岁月的递增，二者之间的距离也在一步步缩短。等到将来重新复合之时，（复合后的新法体）就会像龙树菩萨住于尘世一般，对众生具有不可估量的利益。

因为大尊者龙树菩萨长久以来获得了登地菩萨的自在成就，所以才能在布施头颅时，做到临危不惧、欢天喜地。这一切，也是在向世人宣告尊者的得地之相。

《入中论》云：“且如佛子闻求施，思维彼声所生乐，圣者入灭无彼乐，何况菩萨施一切。”正如在得地之后，布施头颅不但不会有痛苦，而且会生起超胜于比丘一禅等持的欢喜与大乐的说法一样，龙树菩萨已经获得登地果位的成就，是在佛经中已经明示，世人也是有口皆碑的。

其共同部分的示现，是在吉祥山修持长达两百年，地道功德辗转增上，最终获得了共称的七地果位。

在得到一地果位之后，即能获得于一百个世间界中化身为一百位祖师，并同时于一百位佛陀前化为一百尊身体聆听佛法等十二种一百功德。

因为此等功德在获得二地果位之后，更会往上递增。所以可想而知，尊者所拥有的功德也是不可思议的。

关于尊者的不共同示现，在《明炬论》中描述道："大阿阇黎龙树菩萨在获证真如法义后，于世间界畅演各别自证金刚持之大等持。既拥有超离于人天之安乐，超离于外道、声闻以及缘觉的禅定与等持之安乐，也获得了远离生灭的具有一切殊胜的如来之身。其身见而无厌，并具有十力以及十无畏等佛之功德严饰，前往极乐刹土，以拥有八种功德自在而住于世。"以上内容说明，龙树菩萨此生依靠密集之道，已经现证了双运金刚持的果位。

大圣者龙树菩萨还培养了举不胜举、出类拔萃，对佛陀所宣说的了义不了义之八万四千法门，在以无垢理证善加辨析之后，能够受持与弘扬准确判别佛陀密意旨要的持法意子。其中公认的有四名意子与三名近意子，一共为七名主要弟子。

龙树菩萨的四位意子分别为：亲觐文殊菩萨的释迦莫扎、谒见度母的那嘎博得、获证八地果位的圣天论师、目睹过观音菩萨金颜的玛当嘎巴。

三位近意子分别为：佛护论师、清辩论师与马鸣论师。

诸大弟子中不可抗衡、无与伦比的，当数圣天论师。圣天论师（在一生中）撰写了大量无有稍许错谬之垢、如理抉择龙树菩萨密意的显密论典。他依照龙树菩萨的意趣，撰著了阐述引导世人趋入甚深广大道次第之圆满无垢理证之道的《中观四百论》、宣说以密集金刚为主的两种无上道次第之究竟密要的《摄行灯论》以及指不胜屈的其他论典。

佛教圣地印度的智者们，都心悦诚服地将被誉为“龙树阿阇黎父子”的龙树菩萨与圣天论师，共称为一切智智的量士夫。往昔的中观论师们，都将这两位阿阇黎的论著，恭称为“母中观”，以作为（一切中观见解的）究竟源泉。

关于释迦莫扎阿阇黎，有这样一种传说：《圆满次第之五次第论》中的前两部分，是龙树菩萨恩准该尊者写成的。虽然尊者的其他论著已经流失，但这位阿阇黎为众多有缘者广弘龙树菩萨善妙主张（的事迹，必将传颂千古、流芳百世）。

所谓“那嘎博得”，也就是指龙菩提阿阇黎。他依靠龙树菩萨的窍诀，成就了金刚虹身。尊者居于吉祥山等修行处，摄受了无以数计的空行勇士、空行母及有缘人。据尊者的传记记载：在噶当派前期，这位阿阇黎（化为幻化身），亲自为噶当派的众多大善知识，传授了大量窍诀与教诫。

大成就者秋多吉［法金刚］曾三番五次与（该尊者）会晤，共同商议有关金刚乘的教言。在四世班禅洛桑却吉坚赞[1]为扎什伦布寺和合塔竣工开光之时，龙菩提阿阇黎与大成就者秋多吉双双降临，并肩居于塔顶为佛塔开光，还向班禅洛桑却吉坚赞赐传了窍诀与教诫。该阿阇黎还撰写了《密集坛城仪轨》，包含《直指三身道用》在内超凡绝伦的《安立次第》，以及浩如烟海的其他著作。

玛当嘎巴是将龙树菩萨的耳传窍诀圆满授予大成就者帝洛巴的接力者。此外，尊者还为五湖四海的有缘者鞠躬尽瘁地阐显了甚深妙法。

佛护阿阇黎出生于（印度）南方丹巴拉境内的昂巴则瓦[意即天鹅嬉戏]。趋入佛门后，尊者毅然出家并受持近圆戒。通过废寝忘食地修学三藏四续，终于使他圆满地通达了自他宗派如海般浩瀚宽广的见解。

在依止龙树菩萨足下后，他又如饥似渴地聆听了深广无垠的各种显密要诀。经过黾勉精勤地修习，真实修成了至尊文殊菩萨本尊。以道次第的行持，最终抵达了至高无上的巅峰之位。

为了使佛教能够蓬勃发展，他将龙树菩萨的甚深密意——究竟深奥的缘起之理，以千变万化、不拘形式的生动道理进行揭示，为世人写出了惊世骇俗的《中观根本慧论释》，也即为众人所称道的《佛护中论释》。在所有解释《中论》的论典中，此论如同宝幢之顶般显得极为不同凡响。包

---

1 洛桑却吉坚赞（1567—1662）：译言善慧法幢，为四世达赖和五世达赖喇嘛近圆戒师，扎什伦布、色拉、哲蚌三寺寺主。曾与五世达赖商同在固始汗未入西藏、清军未入北京之前，分别遣使沟通关系，为后来格鲁派干预西藏政治创造条件。1645年，受固始汗封为“班禅博克多”称号；1647年，又受清顺治帝封为“金刚上师”名号。后被追认为第四世班禅额尔德尼。

括月称菩萨与至尊宗喀巴大师，都异口同声地对其赞不绝口。此外，该阿阇黎还撰写了种类繁多的阐释显密奥义的论典。

清辩论师则是为了昭示甚深中观之道，而特意化现为龙树菩萨之首要弟子形象的。至于这位大圣者是须菩提[1]化身的说法，已经是举世公认、无可非议的事实。该阿阇黎为了彰显龙树菩萨之善妙主张，撰写了阐释《中论》含义的《般若灯论》，另外还撰著了五花八门的其他论著。

《般若灯论》的诞生，首创了中观自续派的见解。（提出这种被认为是不究竟见解的原因，）完全是因为龙树菩萨诠释佛陀密意的中观究竟之见极难证达，为了逐步引导所调诸众，给（彼等）提供一种领悟的手段而采用的善巧方便。[2]

龙树菩萨住于人间长达六百年之久，在世期间为佛法做出了不可磨灭的贡献。在他一生的前、中、后三个阶段，层出不穷地栽培出了遍布四海的弟子。其中晚年的所有主要持法弟子中，堪称顶饰的当数月称阿阇黎。

据往昔的佛教历史记载：在龙树菩萨前往极乐刹土之际，曾感慨万分地说道："关门弟子乃月称，终结之法说无生。"至于这位尊者[月称菩萨]如何在佛教领域大显身手的情形，下文将详细地为诸位和盘托出。

1 须菩提：即善现。释迦牟尼佛十大弟子之一，为解空第一。

2 该传记中有关马鸣论师的内容遗缺，此处作一补充。马鸣论师，为古印度四大士之一。佛灭度后约六百年，生于西印度。父亲狮子密是大名医，母亲名为宝成。自幼学习婆罗门四吠陀经、四吠陀支、四吠陀节及六业等，又随父学医。信奉异教，精通有常之论，曾驳倒西印度佛教学者，使之改信异教以毁佛法。之后游历至南印度，与龙树菩萨弟子圣天论师辩论内外之宗，终因败负而改信佛教，为龙树师弟弟子，精通内学及诸异教诗韵之学，更名三宝仆从。著《佛本生行传一百八赞》，以忏破佛之业；因马解其语，故号马鸣。另著有《医学八支大论》《入八支论》《八支集要自注》等众多著作。

龙树菩萨住世六百年间，忠心耿耿地护持正法。据说，一旦将来其法身与头颅重新拼合以后，尊者还将为赡部洲众生的利益进一步做出贡献。最终于极净光世界圆证佛果，号智源光如来。

因此，希求修持菩提道次第的诸众，应当至诚祈祷圣者龙树菩萨，严格奉守尊者的教诲：从依止具相善知识直至获得双运佛果之间，为获取于显密圆满道之定解，以教证理证，而以巨大之精进勇猛不断地修持！

以上文字节选自雍怎益西坚赞撰写的《菩提道次第传承上师传》。

甲申年四月初十译于喇荣

中观根本慧论颂

龙树菩萨 造颂

鸠摩罗什 译[1]

顶礼文殊师利童子！

不生亦不灭，不常亦不断，
不一亦不异，不来亦不去。
能说是因缘，善灭诸戏论，
我稽首礼佛，诸说中第一。

一、观因缘品

诸法不自生，亦不从他生，
不共不无因，是故知无生。
因缘次第缘，缘缘增上缘，
四缘生诸法，更无第五缘。

1 为照顾藏文注解，在鸠摩罗什译本上参照藏文颂词略作修改。

如诸法自性，不在于缘中，
以无自性故，他性亦复无。
作非具有缘，无缘作不成，
无作则非缘，若具作可生。
因是法生果，是法名为缘，
若是果未生，何不名非缘？
果先于缘中，有无俱不可，
先无为谁缘？先有何用缘？
若果非有生，亦复非无生，
亦非有无生，何得言有缘？
若有此缘法，则彼无实义，
于此无缘法，云何有缘缘？
果若未生时，则不应有灭，
灭法何能缘，故无次第缘。
诸法无自性，故无有有相，
说有是事故，是事有不然。
略广因缘中，求果不可得，
因缘中若无，云何从缘出？
若谓缘无果，而从缘中出，
是果何不从，非缘中而出？

若果是缘性，诸缘非自性，
从无自性生，岂得缘自性？
故缘非自性，非缘性成果，
非有中无果，非缘岂成缘？

二、观去来品

已去无有去，未去亦无去，
离已去未去，去时亦无去。
动处则有去，此去时之动。
非已去未去，是故去时去。
云何于去时，而当有去法。
若离于去法，去时不可得。
若言去时去，彼者于去时，
应成无去法，去时有去故。
若去时有去，则有二种去。
一谓为去时，二谓去时去。
若有二去法，则有二去者。
以离于去者，去法不可得。

若离于去者，去法不可得。

以无去法故，何得有去者。

去者则不去，不去者不去，

离去不去者，无第三去者。

若离于去法，去者不可得。

若言去者去，云何有此义？

去者去何处，彼去者将成，

无去之去者，许去者去故。

若谓去者去，是人则有咎。

离去有去者，说去者有去。

已去中无发，未去中无发，

去时中无发，何处当有发？

于未发之前，何处发可成？

去无去时无，未去何有发？

一切无有发，何故而分别？

去无未去无，亦复去时无。

去者则不住，不去者不住，

离去不去者，何有第三住？

若当离于去，去者不可得，

去者若当住，云何有此义？

去时无有回，去未去无回，

所有去发回，皆同于去义。

去法即去者，是事则不然，

去法异去者，是事亦不然。

若谓于去法，即为是去者，

作者及作业，是事则为一。

若谓于去法，有异于去者，

离去者有去，离去有去者。

去去者是二，若于一异法，

二门俱不成，云何当有成？

因去知去者，不能用是去，

先无有去法，故无去者去。

因去知去者，不能用异去，

于一去者中，不得二去故。

决定有去者，不能用三去，

不决定去者，亦不用三去。

去法定不定，去者不用三，

是故去去者，所去处皆无。

三、观六情品

眼耳及鼻舌，身意等六情，

此眼等六情，行色等六尘。

是眼则不能，自见其己体。

若不能自见，云何见余物？

火喻则不能，成于眼见法。

去未去去时，已总答是事。

见若未见时，则不名为见，

而言见能见，是事则不然。

见不能有见，非见亦不见。

若已破于见，则为破见者。

离见不离见，见者不可得。

以无见者故，何有见可见？

见可见无故，识等四法无。

近取等诸缘，云何当得有？

耳鼻舌身意，声及闻者等，

当知如是义，皆同于上说。

四、观五阴品

若离于色因，色则不可得。

若当离于色，色因不可得。

离色因有色，是色则无因。

无因而有法，是事则不然。

若离色有因，则是无果因。

若言无果因，则无有是处。

若已有色者，则不用色因。

若无有色者，亦不用色因。

无因而有色，是事终不然。

是故有智者，不应分别色。

若果似于因，是事则不然。

果若不似因，是事亦不然。

受阴及想阴，行阴识阴等。

其余一切法，皆同于色阴。

以空辩论时，若人欲答辩。

是则不成答，俱同所立故。

解说空性时，若人言其过。

是则不成过，俱同于所立。

五、观六种品

空相未有时，则无虚空法。
若先有虚空，即为是无相。
是无相之法，一切处无有。
若无无相法，法相依何成？
有相无相中，相则无所住。
离有相无相，余处亦不住。
相法无有故，可相法亦无。
可相法无故，相法亦复无。
是故今无相，亦无有可相。
离相可相已，更亦无有物。
若使无有有，云何当有无？
有无俱非中，知有无者谁？
是故知虚空，非有亦非无，
非相非可相。余五同虚空。
浅智见诸法，若有若无相。
是则不能见，灭见安隐法。

六、观染染者品

若离于染法，先自有染者。
因是染欲者，应生于染法。
若无有染者，云何当有染？
染者复染着，有无次第同。
染者及染法，俱成则不然。
染者染法俱，则无有相待。
染者染法一，一法云何合？
染者染法异，异法云何合？
若一有合者，离伴应有合。
若异有合者，离伴亦应合。
若异而有合，染染者何事？
是二相先异，然后说合相。
若染及染者，先各成异相。
既已成异相，云何而言合？
异相无有成，是故汝欲合。
为使合相成，复说异相乎？
异相不成故，合相则不成。
于何异相中，而欲说合相？

如是染染者，非合不合成。
诸法亦如是，非合不合成。

七、观三相品

若生是有为，则应有三相。
若生是无为，何名有为相？
三相若分散，不能有所相。
云何于一处，一时聚三相？
若谓生住灭，更有有为相。
是即为无穷，无即非有为。
生生之所生，生于彼本生。
本生之所生，还生于生生。
若谓是生生，能生于本生。
生生从本生，何能生本生？
若谓是本生，能生于生生。
本生从彼生，何能生生生？
若彼尚未生，而能生彼法，
汝言正生时，彼生可成立。

如灯能自照，亦能照于彼。
生法亦如是，自生亦生彼。
灯中自无暗，住处亦无暗。
破暗乃名照，无暗则无照。
此灯正生时，不能及于暗。
云何灯生时，而能破于暗？
灯若未及暗，而能破暗者。
灯在于此间，则破一切暗。
若灯能自照，亦能照于彼。
暗亦应自暗，亦能暗于彼。
此生若未生，云何能自生？
若生已自生，生已何用生？
生非生已生，亦非未生生，
生时亦不生。去来中已答。
若谓生时生，是事已不成。
云何依生法，尔时而得生？
若法众缘生，即是寂灭性。
是故生生时，是二俱寂灭。
若有未生法，说言有生者。
可生之彼法，不成岂可生？

若言生时生，是能有所生。
何得更有生，而能生是生？
若谓更有生，生生则无穷。
离生生有生，法皆自能生。
有法不应生，无亦不应生，
有无亦不生，此义先已说。
若诸法灭时，是时不应生。
法若不灭者，终无有是事。
不住法不住，住法亦不住，
住时亦不住，无生云何住？
若诸法灭时，是则不应住；
法若不灭者，终无有是事。
所有一切法，皆是老死相。
终不见有法，离老死有住。
住不自相住，亦不异相住。
如生不自生，亦不异相生。
法已灭不灭，未灭亦不灭，
灭时亦不灭，无生何有灭？
若法有住者，是则不应灭；
法若不住者，是亦不应灭。

是法于是时，不于是时灭；

是法于异时，不于异时灭。

如一切诸法，生相不可得。

以无生相故，即亦无灭相。

若法是有者，是即无有灭。

不应于一法，而有有无相。

若法是无者，是则无有灭。

譬如第二头，无故不可断。

法不自相灭，他相亦不灭。

如自相不生，他相亦不生。

生住灭不成，故无有有为。

有为法无故，何得有无为？

如幻亦如梦，如乾闼婆城。

所说生住灭，其相亦如是。

八、观作作者品

决定有作者，不作决定业；

决定无作者，不作无定业。

定作者无作，无作者成业；
有业而无作，无业有作者。
若不定作者，作不定之业，
作业堕无因，作者亦无因。
若堕于无因，则无因无果，
无作无作者，无所用作法。
若无作等法，则无有罪福。
罪福等无故，罪福报亦无。
若无罪福报，亦无大涅槃。
诸可有所作，皆空无有果。
作者定不定，不能作二业。
有无相违故，一处则无二。
有不能作无，无不能作有。
若有作作者，其过如先说。
决定之作者，不作不定业，
及定不定业，其过先已说。
若作者不定，不作决定业，
及定不定业，其过先已说。
作者定不定，亦定亦不定，
不能作于业，其过先已说。

因业有作者，因作者有业，
成业义如是，更无有余事。
如破作作者，受受者亦尔。
及一切诸法，亦应如是破。

九、观本住品

眼耳等诸根，苦乐等诸法，
谁有如是事，是则名本住。
若无有本住，谁有眼等法？
以是故当知，先已有本住。
若离眼等根，及苦乐等法，
先有本住者，以何而可知？
若离见法等，而有本住者。
亦应离本住，而有所受法。
以法知有人，以人知有法。
离法何有人？离人何有法？
一切见等前，实无有本住，
见等中他法，异时而分别。

一切见等前，若无有本住。
一一见等前，云何能知尘？
见者即闻者，闻者即受者，
如是等诸根，则应有本住。
若见闻各异，受者亦各异。
见时亦应闻，如是则神多。
眼耳等诸根，苦乐等诸法，
所从生诸大，彼大亦无神。
若眼耳等根，苦乐等诸法，
无有本住者，见等亦应无。
见等无本住，今后亦复无。
以三世无故，无有无分别。

十、观燃可燃品

若燃是可燃，作作者则一。
若燃异可燃，离可燃有燃。
如是常应燃，不因可燃生。
则无燃火功，亦名无作火。

燃不待可燃，则不从缘生。

火若常燃者，人功则应空。

若汝谓燃时，名为可燃者。

尔时但有薪，何物燃可燃。

若异则不至，不至则不烧，

不烧则不灭，不灭则常住。

燃与可燃异，而能至可燃。

如此至彼人，彼人至此人。

若谓燃可燃，二俱相离者。

如是燃则能，至于彼可燃。

若因可燃燃，因燃有可燃，

先定有何法，而有燃可燃？

若因可燃燃，则燃成复成。

是为可燃中，则为无有燃。

若法因待成，是法还成待，

若所待可成，待何成何法？

若法有待成，未成云何待？

若成已有待，成已何用待？

因可燃无燃，不因亦无燃。

因燃无可燃，不因无可燃。

燃不余处来，燃处亦无燃。
可燃亦如是，余如去来说。
可燃即非燃，离可燃无燃，
燃无有可燃，燃中无可燃。
以燃可燃法，说受受者法，
及以说瓶衣，一切等诸法。
若人说有我，诸法各异相，
当知如是人，不得佛法味。

十一、观本际品

大圣之所说，本际不可得。
生死无有始，亦复无有终。
若无有始终，中当云何有？
是故于此中，先后共亦无。
若使先有生，后有老死者。
生则无老死，不死而有生。
若先有老死，而后有生者。
不生有老死，无因岂能成？

生及于老死，不得一时共。
生时则有死，是二俱无因。
若使初后共，是皆不然者。
何故而戏论，谓有生老死？
非但于轮回，本际不可得。
诸所有因果，及相可相法，
受及受者等，所有一切法，
如是一切法，本际皆亦无。

十二、观苦品

自作及他作，共作无因作。
如是说诸苦，于果则不然。
苦若自作者，则不从缘生。
因有此阴故，而有彼阴生。
若人自作苦，离苦何有人？
而谓于彼人，而能自作苦。
若谓此五阴，异彼五阴者。
如是则应言，从他而作苦。

若苦他人作，而与此人者。
若当离于苦，何有此人受？
苦若彼人作，持与此人者。
离苦何有人，而能授于此？
自作若不成，云何彼作苦？
若彼人作苦，即亦名自作。
苦不名自作，法不自作法。
彼无有自体，何有彼作苦？
若彼此苦成，应有共作苦。
此彼尚无作，何况无因作？
非但说于苦，四种义不成。
一切外万物，四义亦不成。

十三、观行品

如佛经所说，虚诳妄取相。
诸行妄取故，是名为虚诳。
虚诳妄取者，是中何所取？
佛说如是事，欲以示空义。

诸法有异故，知皆是无性。

无性法亦无，一切法空故。

若诸法无性，云何而有异？

若诸法有性，云何而得异？

是法则无异，异法亦无异。

如壮不作老，老亦不作老。

若是法即异，乳应即是酪。

离乳有何法，而能作于酪？

若有不空法，则应有空法。

实无不空法，何得有空法？

大圣说空法，为离诸见故。

若复见有空，诸佛所不化。

十四、观和合品

见可见见者，是三各异方，

如是三法异，终无有合时。

染与于可染，染者亦复然。

余入余烦恼，皆亦复如是。

异法当有合，见等无有异，
异相不成故，见等云何合？
非但可见等，异相不可得。
所有一切法，皆亦无异相。
异因异有异，异离异无异。
若法所因出，是法不异因。
若离从异异，应无异有异。
离从异无异，是故无有异。
异中无异相，不异中亦无。
无有异相故，则无此彼异。
是法不自合，异法亦不合。
合者及合时，合法亦皆无。

十五、观有无品

众缘中有性，是事则不然。
性从众缘出，即名为作法。
性若是作者，云何有此义？

性名为无作，不待异法成。
法若无自性，云何有他性？
自性于他性，亦名为他性。
离自性他性，何得更有法？
若有自他性，诸法则得成。
有若不成者，无云何可成？
因有异法故，有坏名为无。
若人见有无，见自性他性，
如是则不见，佛法真实义。
佛能灭有无，于化迦旃延，
经中之所说，离有亦离无。
若法实有性，后则不应无。
性若有异相，是事终不然。
若法实无性，云何而可异？
若法实有性，云何而可异？
定有则著常，定无则著断。
是故有智者，不应著有无。
若法有定性，非无则是常。
先有而今无，是则为断灭。

十六、观缚解品

诸行往来者，常不应往来，
无常亦不应，众生亦复然。
若众生往来，阴界诸入中，
五种求尽无，谁有往来者？
若从身至身，往来即无身。
若其无有身，则无有往来。
诸行若灭者，是事终不然；
众生若灭者，是事亦不然。
诸行生灭相，不缚亦不解；
众生如先说，不缚亦不解。
若身名为缚，有身则不缚，
无身亦不缚，于何而有缚？
若可缚先缚，则应缚可缚。
而先实无缚，余如去来答。
缚者无有解，不缚亦无解，
缚时有解者，缚解则一时。
若不受诸法，我当得涅槃。
若人如是者，还为受所缚。

涅槃无有生，轮回亦无灭，
岂可为轮回？涅槃岂安立？

十七、观业品

人能降伏心，利益于众生，
是名为慈善，二世果报种。
大圣说二业，思与从思生。
是业别相中，种种分别说。
佛所说思者，所谓意业是。
所从思生者，即是身口业。
身业及口业，律仪非律仪，
及其余无表，亦善亦不善。
从用生福德，罪生亦如是，
及思为七法，能了诸业相。
业住至受报，是业即为常，
若灭即无常，云何生果报？
如芽等相续，皆从种子生。
从是而生果，离种无相续。

从种有相续，从相续有果。
先种后有果，不断亦不常。
如是从初心，心法相续生。
从是而有果，离心无相续。
从心有相续，从相续有果。
先业后有果，不断亦不常。
能成福业者，是十白业道。
二世五欲乐，即是白业报。
若如汝分别，其过则甚多。
是故汝所说，于义则不然。
今当复更说，顺业果报义。
诸佛辟支佛，贤圣所称叹。
不失法如券，业如负财物。
此性则无记，分别有四种。
见谛所不断，但思维所断。
以是不失法，诸业有果报。
因见断故断，业灭彼亦灭。
则得破业等，如是之过咎。
一切诸行业，相似不相似，
一界初受身，尔时法独生。

如是二种业，现世受果报，
或言受报已，而法犹故在。
若度果已灭，若死已而灭。
于是中分别，有漏及无漏。
虽空亦不断，虽有而不常，
业果报不失，是名佛所说。
诸业本不生，以无定性故；
诸业亦不灭，以其不生故。
若业有性者，是即名为常，
不作亦名业，常则不可作。
若有不作业，不作而有罪，
不断于梵行，而有不净过。
是则破一切，世间语言法。
作罪与作福，亦无有差别。
受于果报已，而应更复受。
若言业决定，而自有性者。
若诸世间业，从于烦恼生。
是烦恼非实，业当何有实？
诸烦恼及业，是说身因缘。
烦恼诸业空，何况于诸身？

无明之所蔽，爱结之所缚。

而于本作者，不异亦不一。

业不从缘生，不从非缘生。

是故则无有，能起于业者。

无业无作者，何有业生果？

若其无有果，何有受果者？

如世尊神通，所作变化人，

如是变化人，复变作化人。

如初变化人，是名为作者；

变化人所作，是则名为业。

诸烦恼及业，作者及果报，

皆如幻如梦，如焰亦如响。

十八、观我法品

若我是五阴，我即为生灭；

若我异五阴，则非五阴相。

若无有我者，何得有我所？

灭我我所故，无我我所执。

得无我智者，彼等不可得。
无我我所执，见者亦未见。
内外我我所，若尽灭无有，
诸取即为灭，取灭则生灭。
业烦恼灭故，名之为解脱。
业烦恼非实，入空戏论灭。
诸佛或说我，或说于无我。
诸法实相中，无我无非我。
诸法实相者，心行言语断，
无生亦无灭，法性如涅槃。
一切实非实，亦实亦非实，
非实非非实，是名诸佛法。
自知不随他，寂灭无戏论，
无异无分别，是则名实相。
若法从缘生，不即不异因。
是故名实相，不断亦不常。
不一亦不异，不常亦不断。
是名诸世尊，教化甘露味。
若佛不出世，声闻已灭尽，
诸辟支佛智，从无依而生。

十九、观时品

若因过去时，有未来现在。
未来及现在，应在过去时。
若过去时中，无未来现在。
未来现在时，云何因过去？
不因过去时，是故无二时。
既无未来时，亦无现在时。
以如是义故，则知余二时。
上中下一异，是等法皆无。
不住时不得，而于可得时，
驻留不可得，云何说时量？
因物故有时，离物何有时？
物尚无所有，何况当有时？

二十、观因果品

若众缘和合，而有果生者。
和合中已有，何须和合生？
若众缘和合，是中无果者。

云何从众缘，和合而果生？

若众缘和合，是中有果者。

和合中应有，而实不可得。

若众缘和合，是中无果者。

是则众因缘，与非因缘同。

若因与果因，作因已而灭。

是因有二体，一与一则灭。

若因不与果，作因已而灭。

因灭而果生，是果则无因。

若众缘合时，而有果生者。

生者及可生，则为一时俱。

若先有果生，而后众缘合。

此即离因缘，名为无因果。

若因变为果，因即至于果。

是则前生因，生已而复生。

云何因灭失，而能生于果？

若因果相关，因住果岂生？

若因果无关，更生何等果？

因见不见果，是二俱不生。

若言过去果，而于过去因，

未来现在因，是则终不合。

若言现在果，而于现在因，

未来过去因，是则终不合。

若言未来果，而于未来因，

现在过去因，是则终不合。

若不和合者，因何能生果？

若有和合者，因何能生果？

若因空无果，因何能生果？

若因不空果，因何能生果？

果不空不生，果不空不灭。

以果不空故，不生亦不灭。

果空故不生，果空故不灭。

以果是空故，不生亦不灭。

因果是一者，是事终不然；

因果是异者，是事亦不然。

若因果是一，生及所生一；

若因果是异，因则同非因。

若果定有性，因为何所生？

若果定无性，因为何所生？

因不生果者，则无有因相。

若无有因相，谁能有是果？

若从众因缘，而有和合法。

和合自不生，云何能生果？

是故果不从，缘合不合生。

若无有果者，何处有合法？

二十一、观成坏品

离成及共成，是中无有坏；

离坏及共坏，是中亦无成。

若离于成者，云何而有坏？

如离生有死，是事则不然。

成坏共有者，云何有成坏？

如世间生死，一时则不然。

若离于坏者，云何当有成？

无常未曾有，不在诸法时？

坏成共有者，云何有坏成？

如世间生死，一时则不然。[1]

1 “坏成共有者……一时则不然”这一偈，在鸠摩罗什翻译的汉文版中缺漏。

成坏共无成，离亦无有成。
是二俱不可，云何当有成？
尽则无有成，不尽亦无成；
尽则无有坏，不尽亦无坏。
若当离于法，则无有成坏。
若离于成坏，是亦无有法；
若法性空者，谁当有成坏？
若性不空者，亦无有成坏。
成坏若一者，是事则不然；
成坏若异者，是事亦不然。
若谓以现见，而有生灭者。
则为是痴妄，而见有生灭。
法不从法生，不从非法生；
非法亦不从，非法及法生。
法不从自生，亦不从他生，
不从自他生，云何而有生？
若有所受法，即堕于断常。
当知所受法，若常若无常。
所有受法者，不堕于断常。
因果相续故，不断亦不常。

若因果生灭，相续而不断，
灭更不生故，因即为断灭。
法住于自性，不应有有无。
涅槃灭相续，则堕于断灭。
若初有灭者，则无有后有；
初有若不灭，亦无有后有。
若初有灭时，而后有生者。
灭时是一有，生时是一有。
若言于生灭，一时则非理。
岂可此阴死，亦于此阴生？
三世中求有，相续不可得。
若三世中无，何有有相续？

二十二、观如来品

非阴非离阴，此彼不相在，
如来不有阴，何处有如来？
阴合有如来，则无有自性。
若无有自性，云何因他有？

法若因他生，是即非我有。

若法非我者，云何是如来？

若无有自性，云何有他性？

离自性他性，何名为如来？

若不因五阴，先有如来者。

以今受阴故，则说为如来。

今实不受阴，更无如来法。

若以不受无，今当云何受？

若其未有受，所受不名受。

无有无受法，而名为如来。

若于五种求，一异之如来，

悉皆不可得。云何受中有？

又所受五阴，不从自性有。

若无自性者，云何有他性？

以如是义故，受空受者空。

云何当以空，而说空如来？

空则不可说，非空不可说，

共不共叵说，但以假名说。

常无常等四，本寂何处有？

边无边等四，本寂何处有？

邪见深厚者，耽执有如来。

如来寂灭相，分别有亦非。

如是性空中，思维亦不可，

如来灭度后，分别于有无。

如来过戏论，而人生戏论。

戏论破慧眼，是皆不见佛。

如来所有性，即是世间性。

如来无有性，世间亦无性。

二十三、观颠倒品

从忆想分别，生于贪恚痴，

净不净颠倒，皆从众缘生。

若因净不净，颠倒生三毒。

三毒即无性，故烦恼无实。

我法有与无，是事终不成。

无我诸烦恼，有无亦不成。

谁有此烦恼，是即为不成。

若无有所依，烦恼亦不成。

如身见五种，求之不可得。

烦恼于垢心，五求亦不得。

净不净颠倒，是则无自性。

云何因此三，而生诸烦恼？

色声香味触，及法为六种，

如是之六种，是三毒根本。

色声香味触，及法体六种，

皆空如焰梦，如乾闼婆城。

犹如幻化人，亦如镜中像。

如是六种中，何有净不净？

不因于不净，则亦无有净。

因不净有净，是故无有净。

不因于净相，则无有不净。

因净有不净，是故无不净。

若无有净者，由何而有贪？

若无有不净，何由而有恚？

于无常著常，是则名颠倒。

空中无无常，何处有常倒？

著无常为常，即是为颠倒。

空中无无常，何有非颠倒？

可著著者著，及所用著法。
是皆寂灭相，是故无有著。
若于真实中，无有颠倒执，
颠倒不颠倒，谁有如是事？
若已成颠倒，则无有颠倒；
若不成颠倒，亦无有颠倒。
若于颠倒时，亦不生颠倒。
汝可自观察，谁生于颠倒？
若颠倒不生，何有颠倒者？
诸法不自生，亦不从他生。
不从自他生，何有颠倒者？
若我常乐净，而是实有者。
是常乐我净，则非是颠倒。
若我常乐净，而实无有者。
无常苦不净，是则亦应无。
如是颠倒灭，无明则亦灭。
以无明灭故，诸行等亦灭。
若烦恼性实，而有所属者。
云何当可断？谁能断其性？
若烦恼虚妄，无性无属者。

云何当可断，谁能断无性？

二十四、观四谛品

若一切皆空，无生亦无灭。
如是则无有，四圣谛之法。
以无四谛故，见苦与断集，
证灭及修道，如是事皆无。
以是事无故，则无有四果。
无有四果故，得向者亦无。
若无八贤圣，则无有僧宝。
以无四谛故，亦无有法宝。
若无法僧宝，岂能有佛宝？
如是说空者，是则破三宝。
空法坏因果，亦坏于罪福。
亦复悉毁坏，一切世俗法。
汝今实不能，知空空因缘，
及知于空义，是故自生恼。
诸佛依二谛，为众生说法。

一以世俗谛，二第一义谛。

若人不能知，分别于二谛。

则于深佛法，不知真实义。

若不依俗谛，不得第一义。

不得第一义，则不得涅槃。

不能正观空，钝根则自害。

如不善咒术，不善捉毒蛇。

世尊知是法，甚深微妙相，

非钝根所及，是故不欲说。

若汝发太过，谓空为无理。

汝则弃空性，于自宗不容。

以有空义故，一切法得成；

若无空义者，一切则不成。

汝今自有过，而以回向我。

如人乘马者，自忘于所乘。

若汝见诸法，决定有性者。

即为见诸法，无因亦无缘。

即为破因果，作作者作法。

亦复坏一切，万物之生灭。

众因缘生法，我说即是空，

亦为是假名，亦是中道义。

未曾有一法，不从因缘生。

是故一切法，无不是空者。

若一切不空，则无有生灭。

如是则无有，四圣谛之法。

苦不从缘生，云何当有苦？

无常是苦义，定性无无常。

若苦有定性，何故从集生？

是故无有集，以破空义故。

苦若有定性，则不应有灭。

汝著定性故，即破于灭谛。

道若有定性，则无有修道。

若道可修习，即无有定性。

若无有苦谛，及无集灭谛。

所可灭苦道，竟为何所至？

若苦定有性，先来所不见。

于今云何见？其性不异故。

如见苦不然，断集及证灭，

修道及四果，是亦皆不然。

是四道果性，先来不可得。

诸法性若定，今云何可得？

若无有四果，则无得向者。

以无八圣故，则无有僧宝。

无四圣谛故，亦无有法宝。

无法宝僧宝，云何有佛宝？

汝说则不因，菩提而有佛；

亦复不因佛，而有于菩提。

若先非佛性，虽复勤精进，

修行菩提道，不应得成佛。

若诸法不空，无作罪福者。

不空何所作？以其性定故。

汝许离罪福，而有诸果报。

罪福因所生，果报则无有。

若谓从罪福，而生果报者。

果从罪福生，云何言不空？

汝破一切法，诸因缘空义，

则破于世俗，诸余所有法。

若破于空义，即应无所作，

无作而有作，不作名作者。

若有决定性，众生无生灭，

恒常而安住，远离种种相。
若无有空者，未得不应得，
亦无断烦恼，亦无苦尽事。
若人能现见，一切因缘法，
则为能见苦，亦见集灭道。

二十五、观涅槃品

若一切法空，无生无灭者。
何断何所灭，而称为涅槃？
若诸法不空，则无生无灭。
何断何所灭，而称为涅槃？
无弃亦无得，不断亦不常，
不生亦不灭，是说名涅槃。
涅槃不名有，有则老死相。
终无有有法，离于老死相。
若涅槃是有，涅槃即有为。
终无有一法，而是无为者。
若涅槃是有，云何非缘起？

非缘起之法，始终皆无有。
若涅槃非有，何况于无耶？
涅槃若非有，无实亦不成。
若涅槃是无，云何不依有？
未曾有不依，而名为无法。
来去轮回法，乃假立缘起；
非假立缘起，是名为涅槃。
如佛经中说，断有断非有。
是故知涅槃，非有亦非无。
若谓于有无，合为涅槃者。
有无即解脱，是事则不然。
若谓于有无，合为涅槃者。
涅槃非无依，是二从依生。
有无共合成，云何名涅槃？
涅槃名无为，有无是有为。
有无二事共，云何是涅槃？
是二不同处，如明暗不俱。
分别非有无，如是名涅槃。
若有无成者，非有非无成。
若非有非无，名之为涅槃。

此非有非无，以何而分别？
如来灭度后，不言有与无，
亦不言有无，非有及非无。
如来现在时，不言有与无，
亦不言有无，非有及非无。
涅槃与世间，无有少分别；
世间与涅槃，亦无少分别。
涅槃之实际，即为世间际。
如是二际者，无毫厘差别。
灭后有无等，有边等常等，
诸见依涅槃，未来过去世。
一切法空故，何有边无边，
亦边亦无边，非有非无边？
何者为一异，何有常无常，
亦常亦无常，非常非无常？
诸法不可得，灭一切戏论，
无人亦无处，佛亦无所说。

二十六、观十二因缘品

众生痴所覆，为后起三行，
以起是行故，随行入六趣。
随诸行因缘，识受六道身；
依靠诸识故，而成于名色。
依靠名色故，因而生六入；
依靠六入故，而生于六触。
依眼根色法，作意而生触；
是故依名色，而生于识处。
情尘以及识，三者之和合，
彼者即生触，由触而生受。
以受生渴爱，因受生爱故。
因爱有四取，因取故有有。
若取者不取，则解脱无有。
从有生五蕴，从有而有生。
从生有老死，从老死故有，
忧愁及哀号，痛苦与不悦，
以及诸迷乱。
如是等诸事，皆从生而有。

是故大苦阴，但以因缘生。

生死根即行，诸智者不为，

愚者即行者，智非见性故。

以无明灭故，诸行则不生。

若欲灭无明，以智修法性。

前前若能灭，后后则不生。

但是苦阴聚，如是而正灭。

二十七、观邪见品

我于过去世，有生与无生，

世间常等见，皆依过去世。

我于未来世，有生及无生，

有边等诸见，皆依未来世。

过去世有我，是事不可得。

过去世中我，不作今日我。

若谓我即是，而身有异相。

若当离于身，何处别有我？

离身无有我，是事为已成。

若谓身即我，若都无有我。
但身不为我，身相生灭故。
云何当以受，而作于受者？
若离身有我，是事则不然。
无受而有我，而实不可得。
今我不离受，亦不但是受，
既非无有受，无有亦不定。
过去我不作，是事则不然；
过去世中我，异今亦不然。
若谓有异者，离彼应有今，
与彼而共住，彼未亡今生。
如是则断灭，失于业果报，
彼作而此受，有如是等过。
先无而今有，此中亦有过。
我则是作法，其生亦无因。
如过去世中，有生无生见，
若共若不共，是事皆不然。
我于未来世，为作为不作，
如是之见者，皆同过去世。
若天即是人，则堕于常边。

天则为无生，常法不生故。
若天异于人，是即为无常。
若天异人者，是则无相续。
若半天半人，则堕于二边。
常及于无常，是事则不然。
若常及无常，是二俱成者。
如是则应成，非常非无常。
法若定有来，及定有去者。
生死则无始，而实无此事。
今若无有常，云何有无常，
亦常亦无常，非常非无常？
若世间有边，云何有后世？
若世间无边，云何有后世？
五阴常相续，犹如灯火焰。
以是故世间，不应边无边。
若先五阴坏，不因是五阴，
更生后五阴，世间则有边。
若先阴不坏，亦不因是阴，
而生后五阴，世间则无边。
若世半有边，世间半无边。

是则亦有边，亦无边不然。

彼受五阴者，云何一分破，

一分而不破？是事则不然。

受亦复如是，云何一分破，

一分而不破？是事亦不然。

若亦有无边，是二得成者。

非有非无边，是则亦应成。

一切法空故，世间常等见，

何处于何时，谁起是诸见？

瞿昙大圣主，怜愍说正法，

悉断一切见，我今稽首礼！

归属大乘对法之义，阐扬胜义真如法性，开显（圣）般若波罗蜜多之理的《中观根本慧论》，乃为拥有不可掠夺之智慧与悲心，开演如来无上大乘之理，成就极喜地之果位，前往极乐刹土，于“极净光世界”成佛，号“智源光如来”之圣者大阿阇黎——龙树菩萨圆满撰著完毕。

奉具备殊胜自在妙智之吉祥天母化身——大国王赤松德赞之圣诏，印度中观大论师，堪布［法师］杂加纳嘎巴达（益西娘波[1]），与主校比丘焦

1 益西娘波：即智藏论师。约在七八世纪时，古印度一佛学家名，著中观二谛论，持自续派中观见。

若·鲁坚赞[1]译师共同翻译、校勘并订正。

该论共二十七品，四百四十九偈，共计一卷半。

之后，于克什米尔慧美继鸿城［妙臂城］中心的仁亲卫寺［藏宝寺］内，克什米尔堪布——大智者哈萨玛德（夏波洛珠），与西藏译师巴擦尼玛扎［日称］，于（克什米尔）国王帕巴拉［圣天国王］年间，根据与克什米尔版本相符之《显句论》，再次进行修订。

随后，于拉萨大昭寺殿内，印度堪布嘎那嘎瓦马色及国卡［金铠］与译师（巴擦尼玛扎），（依照东西方各类版本）再次进行大校。

1 焦若·鲁坚赞：八世纪中，藏王赤松德赞时青年三译师之一。译有《解深密经大疏》四十卷、《了义中观》《般若要义》和《抉择诸法关枢》等经籍。

中论释科判

中论释

——善解龙树密意庄严论

全知麦彭仁波切 著
索达吉 译

三门恭敬顶礼上师及至尊文殊菩萨！

深广浩瀚智慧虚空界，遣除常断黑暗之光芒，
离边中观璀璨之杲日，恭礼绝伦导师遍知佛。
无始沉卧心间三有魔，密布有实无实束缚网，
能以智慧利剑斩除尊，至诚顶戴文殊智慧藏。
堪忍法海甚深之谛义，顶部蛇冠宝饰极显赫，
发出缘起空性之轰鸣，敬礼龙树父子传承师。

中观根本之善说，汇集众论之精华，
以文殊喜胜妙智，亲笔撰著之注疏。

此论旨为宣说大阿阇黎圣者龙树菩萨所造之《中观根本智慧大论》之内容。

全论分三：一、首义；二、论义；三、末义。

甲一（首义）分二：一、宣讲论名；二、译礼句。

乙一、宣讲论名：

梵文：扎加那玛美拉芒达玛噶噶鬲噶

汉意：中观根本慧论颂

若直接翻译，则“扎加”“那玛”“美拉”“芒达玛噶”“噶鬲噶”可分别翻译为“智慧”“所谓”“根本”“中观”“颂”。

“中观”即远离八边自性之意；“根本”即其后涉及中观的诸多论典，均是以此论为原本而衍生出来的；“颂”包含品颂及偈颂二义，即由字数相同之诗文组合而成。“智慧”即论名，表示若能趋入闻思该论之道，则可获得无倒证悟趋至远离一切边戏实相之智慧。

如颂云：“智慧度无二，彼慧即善逝，修彼具义故，论道立彼名。”

乙二、译礼句：

“顶礼文殊师利童子！”

意即顶礼宣示诸法真实胜义实相之智慧本尊文殊师利童子。

前译派的译师在翻译此论时，为了消除违缘，首先如此顶礼。

甲二（论义）分三：一、顶礼句；二、论义正文；三、随念恩德之顶礼。

乙一、顶礼句：

不生亦不灭，不常亦不断，

不一亦不异，不来亦不去。

在如实证达缘起性的圣者根本智慧前，诸法首先不生，究竟不灭；本性连续不断，却非恒常而住；既不从他处来，亦不往他处去；既非不同之异体，亦非相同之一体。

能说是因缘，善灭诸戏论，

我稽首礼佛，诸说中第一。

圆满正等觉佛陀所宣说的，寂灭一切能说所说、法相[1]名相等边戏，超离心与心所、能知所知等名言，息灭生老等众多灾难之立宗，为一切诸说之最上首。所以，作者于此首先恭敬顶礼能阐演如此甚深妙义之佛陀。

以此偈亦宣说了必要、关联等四法。

内容：虽然某些人认为“仅仅息灭八边戏之无遮为此论的内容，若以无生、无灭等具八种特点之缘起法为此论之所诠，则该论的直接内容将成为世俗谛”，但此论则以“缘起而生之真如性，远离八边戏之实相，息灭一切戏论”作为其所诠内容；

必要：依此论所阐释的道理极易通达；

必要之必要：即论述寂灭之无住涅槃；

关联：即必要与论典乃方便及方便生的关系。

1 法相：也即性相。实有三法全具备者，为诸法性相。如能托屋梁是柱之性相。

乙二（论义正文）分二：一、总品关联；二、分品关联。

丙一、总品关联：

《佛护论》与《无畏论》[1]中的见解认为：在全论之二十七品中，前二十五品宣说如何趋入大乘之道，最后二品宣说如何趋入声闻之道。

而清辩论师则不承认最后二品为宣说如何趋入声闻之道。阿阇黎月称菩萨也持相同之观点。

丙二（分品关联）共分二十七品：一、观因缘品；二、观去来品；三、观六情品；四、观五阴品；五、观六种品；六、观染染者品；七、观三相品；八、观作作者品；九、观本住品；十、观燃可燃品；十一、观本际品；十二、观苦品；十三、观行品；十四、观和合品；十五、观有无品；十六、观缚解品；十七、观业品；十八、观我法品；十九、观时品；二十、观因果品；二十一、观成坏品；二十二、观如来品；二十三、观颠倒品；二十四、观四谛品；二十五、观涅槃品；二十六、观十二因缘品；二十七、观邪见品。

1 《无畏论》：噶里晋美所著，为一中观论著。其作者各说不一。

一、观因缘品

丁一（观因缘品）分二：一、经部关联；二、品关联。

戊一、经部关联：

《无热恼龙王请问经》云："何者缘生则无生，不具彼生之自性，何依缘起则空性，若知空性不放逸。"《般若经》中也以"色法无生"等详细阐释了无生之理。

戊二、品关联：

前面顶礼句中已经将无生的了义之理，以理证进行了宣讲，以下各品均以此二关联进行详细阐述。

（品关联）分三：一、破四边生；二、别破他生；三、破缘之能立。

己一、破四边生：

诸法不自生，亦不从他生，
不共不无因，是故知无生。

任何法都不是从自己而生，如果是自己产生的，则有无义生、无穷生的过失；也不是从他法而生，否则，即有火焰生黑暗等一切生一切的太过；也不是从自他二者中产生，因为有前两种过失；也不是无因生，否则有结果恒时存在或恒时无有，以及因缘之勤作无有意义的过失。

所以，自宗如此立宗："能依的一切法，所依的一切环境，无论何时、何宗皆无生。”

清辩论师则认为“一切万法，于何时、何地、何宗皆无有自性生，因于胜义中无有自生故”等等，以承许自续派的观点而立宗。

月称菩萨云：“一切万法，于何时、何地、何宗皆应无生，因无有自生等故。”并由无有自生等立宗，依次建立了无有四生的论点。

对此，佛护论师提出：若有生，则可用无义生之过患进行驳斥。

清辩论师又认为：“此宗的安立，有不具备能立及譬喻之过患。”

月称菩萨对此反驳道：“此宗之能立及譬喻，乃用对方自宗已承认之观点进行破斥，故无需能立及譬喻。”并于《显句论》中引用教证对加上胜义简别的观点进行了破斥：“若为中观派，则不能以自之比量推测而立宗，以未承认他法之故。圣天论师云：‘有非有俱非，一非一双泯，随次应配属，智者达非真。’《回诤论》亦云：‘若我有少宗，则我有彼过，我无立宗故，唯我为无过。’”

己二（别破他生）分二：一、宣说他宗；二、以理破斥。

庚一、宣说他宗：

因缘次第缘，缘缘增上缘，

四缘生诸法，更无第五缘。

（此偈颂与下一偈颂的顺序，与原译顺序颠倒，为照顾藏文科判，故略作调整。）

有部说实事师认为：其他三种生理当遮破，但应该成立他生，因为需要从他缘而生。除了果法以外的其他缘共有四种，其中生起苗芽等果实的种子为因缘；生起眼识的所缘外境色法等为所缘缘；在因灭尽的无间刹那产生果，为等无间缘（次第缘），如以种子灭尽的缘，立即生出苗芽；增上缘即除去其他三缘之外，因某法的存在而能使某结果产生，如生起眼识的眼根等。除此之外，不存在诸如恒常不灭的大自在天等第五缘。

庚二（以理破斥）分四：一、破斥因果他性；二、破缘能立性相；三、以观有无而破生；四、破四缘各自法相。

辛一（破斥因果他性）分二：一、破依他缘生；二、破依他作生。

壬一、破依他缘生：

如诸法自性，不在于缘中，
以无自性故，他性亦复无。

诸等果法的自性，既不是由其本体之外的“四缘”等，以及外道所承许的其他缘等诸缘的和合中产生，也不是由分别各自的缘一一产生。因为，如果从他缘而生，则有能现见此缘或者无义生的过失。

因此，果法既没有存在于自己的本体中，也没有存在于与其相观待的各缘等其他诸法之中。

若相互观待的彼方不存在，则己方也不存在。如果是像“慈氏”与“近藏”同时有彼此不同的他体，则可安立自他。但因果并不是同时成立的法，所以他生的观点是不合理的。

壬二、破依他作生：

作非具有缘，无缘作不成，

无作则非缘，若具作可生。

（原译：果为从缘生，为从非缘生，是缘为有果，是缘为无果。）

他宗继续狡辩道：并不是由眼根以及色法等亲自产生眼识等果法，而是以成办眼识的作用为缘，即是由作用而产生眼识等果法的。

自宗对此破斥道：无论从作用是否具缘两方面加以观察，都是不合理的。

首先观察作用具缘：

如果作用自己都不存在，则不可能存在作用具缘的情形，犹如谈论石女的儿子具有青春韶华一般。

为什么没有作用呢？

首先，如果作为果法的心识已经产生，就不可能具备作用。因为作用是果法成立的因，倘若果法已经具足，就不需要以作用为缘，因为果法已经生起，无需再生。

其次，假如果法尚未产生，也不具备作用。如云："因无生之作者，则无生之作用。"

而所谓果法的正生之时也是不存在的，因为在已生、未生之外，不存在正在生起。

如云："无有差别事，则无有差别法。"

如果对方认为：那么，作用不具缘应当可以成立吧。

但是，不具备缘而产生果的所谓单独作用始终不可能存在。如果存在，则有由煤炭等非缘产生苗芽，或是令作用成为无因者等过失，所以，作用不可能存在。如同毛线不存在，则氆氇也绝对不存在的道理一样。

他宗又认为：如果照此推测，作用的存在的确是不合理，但缘本身总可以成为产生诸法的缘吧。

首先，如果这个缘没有作用，则由于不具备作用，而不能成为诸法产生之缘，因为该缘已远离了能产生诸法的作用。

其次，如果具有作用的缘存在，则可以产生果法。但具有作用的缘根本不存在，其原因前面已经进行了阐述。

总之，无论作用是否具缘，或缘是否具足作用，四种情况都是不合理的。

相互之间如果不具足，即缘不具足作用或作用不具备缘二者，缘都不能成其为缘。

如果二者相互具足，即作用具缘，或缘具作用，则无论是否有果，都不需要缘，所以也是不合理的。

关于此理，在下文中还将进一步广说。

辛二、破缘能立性相：

因是法生果，是法名为缘，
若是果未生，何不名非缘？

对方又辩白道："作用是否具缘不需详细观察，因为依靠眼根等产生眼识等果，所以共称眼根等为缘。"

我们可以对因进行观察，如果眼识等尚未产生，眼睛等又为何不称其为非缘呢？此时，我们必须承认眼根是非缘。因为必须观待产生眼识等法，才能安立所谓的缘。在眼识尚未产生的时候，眼根与非缘是完全相同的，犹如沙子对于产生芝麻油所起的作用一样。（所以，眼根与沙子等）非缘不能安立为缘。

如果对方承许：虽然以前为非缘，但后来依靠他缘也可以成为缘。

对这种后来所依靠的他缘，我们也可以用同样的理由进行反驳。（并且，这样的推论还将产生所依之缘无穷无尽的过失。）

辛三、以观有无而破生：

果先于缘中，有无俱不可，
先无为谁缘？先有何用缘？

下面对果法进行观察，抉择生起的果法是以前没有的果，还是已有的果。但不论是以前已有的果，还是无有的果，二者依缘产生都是不合理的。为什么呢？

如果以前没有果，那么以何法而成为缘呢？因为依缘者并不存在；如果以前已经有果，又何须生果之缘呢？因为果法已经成立。

辛四（破四缘各自法相）分四：一、破斥因缘；二、破斥所缘缘；三、破斥等无间缘［次第缘］；四、破斥增上缘。

壬一、破斥因缘：

若果非有生，亦复非无生，

亦非有无生，何得言有缘？

有些佛教徒认为：因缘应当存在。如果不存在，则应当像石女的儿子一样不能显示其法相。但因缘的法相是存在的，因为世尊也说过“能生者即为因”，从而建立了因缘之法相。

这种说法只不过是世间名言共称而已。如果以理证进行观察，则不合理。

如果所生之法成立，则能生之法也应该成立。如果所生之法已经存在［有］，则因为已经成立，所以不需要再生之缘；如果所生之法不存在［无］，则能生之法也不可能存在，果法也就无从生起；如果所生之法为已生［有］未生［无］二者，但有无二者本身已经相违，根本不存在，所以有无二者也不能成立为所生。既然如此，又如何成立能生之因呢？能生之因不可能存在。因此，所谓“因缘存在”之说并不合理。

壬二、破斥所缘缘：

若有此缘法，则彼无实义，

于此无缘法，云何有缘缘？

（原译：如诸佛所说，真实微妙法。于此无缘法，云何有缘缘？

此偈颂与下一偈颂的顺序，与原译顺序颠倒，为照顾藏文科判，故略作调整。）

如果他宗认为："所谓有缘法（能缘）乃为心及心所之一切法。"其所缘之外境色法等为所缘缘。

自宗对此驳斥道：此缘是缘有境[1]心存在而为缘，还是缘有境心不存在而为缘呢？

首先，如果承许前者，即能缘的有境心识已经存在，则其所缘或所取因，将成为无有意义。因为能缘已经存在，所缘缘则毫无存在价值。

如果承许后者，即能缘法不存在，那么与其相观待的所缘缘又如何存在呢？因为能缘不存在。以上分析，是对所缘缘的果法——有境心是否存在所进行的观察。

下面进一步观察，能缘是缘于已经存在的外境（所缘境），还是缘于并不存在的外境呢？

首先，如果承许外境存在则不合理，因为缘及果法不可能同时存在，所以不能安立（所缘境）为缘。

其次，若许外境不存在，则更不应该安立为所缘缘，因为（作为所缘缘的外境并不存在，）犹如石女的儿子一般。

---

1 有境：即有境者，能涉入自境而与之相应的事物。指一切能解说之声音、内心、感觉器官及补特伽罗。

（由以上推理可以得知，）无论所缘外境是否存在，两种情况均不合理，如同石女的儿子一般。

所以，石女并不存在所缘缘（儿子），或者说作为所缘缘的石女儿并不成立。

壬三、破斥等无间缘：

果若未生时，则不应有灭，
灭法何能缘，故无次第缘。

如果苗芽等果法尚未生起，则种子等因法就不能灭尽。因为不能灭尽，则在灭尽的刹那而无间生果的所谓等无间缘也不合理。如果苗芽尚未生起，种子已经灭尽，则生起苗芽等果法的缘是什么？种子灭尽的缘又是什么呢？二者都将成为无因。

《无畏论》中云："灭尽不能作缘，因所谓灭尽仅为不存在而已，不存在不能为缘故。"

我们也可以从《显句论》中破四边生的角度进行遮破："果法尚未生起，因岂能灭尽？所谓灭尽之缘为何？生灭二缘均不存在，故生灭二者将成为无因。"

壬四、破斥增上缘：

诸法无自性，故无有有相，
说有是事故，是事有不然。

他宗提出：如同空中具有宝伞，则地面会出现黑影一样。若有何缘存在，则有其果产生，即为增上缘。

自宗对此破斥道：此因法之存在尚不合理，由此因法而产生的果法又岂能存在呢？

也就是说，此等种子等缘起法的自性稍许也不成立，则所谓此法之相又怎么能存在呢？其相不存在，则“以此法为因，而生其果”的说法也是不合理。

己三、破缘之能立：

略广因缘中，求果不可得，

因缘中若无，云何从缘出？

如果对方认为：虽然以理观察，则所谓缘也不存在。但由毛线等因法，而生出氆氇等果法，乃为现量所见，所以，毛线等应是产生氆氇等果法的缘。

此种说法并不合理。

首先，如果在毛线等分别各缘（广）上，氆氇等果法存在，则有可现不可得[1]以及将生出众多果法的太过，所以，在毛线等分别各缘上并不存在果法。

---

1 可现不可得：不可得真因之一。能于所诤事中证成所碍事物决定是无者。如云：“夜间大海，无烟，以无火故。”以不可得缘由之能破因，破除有果之所破法。

其次，在各缘的和合中（略）也不存在果法，因为分别各因中均没有果。如果分别各因中有果，则有一果成为众果的太过。如果分别各因中没有果，则有由茅草等非缘中生出氆氇的过失。

从以上两方面进行观察，可得出结论：广略因缘二者，在不存在果法方面无有丝毫差别。

若谓缘无果，而从缘中出，

是果何不从，非缘中而出？

既然在分别各缘上均不存在果，又如何能自缘而生出彼果呢？不可能生出果来。

如果彼果在彼缘中不存在，却依彼缘能生出彼果。那么从其他非缘当中，也应当能生出果法，但为何不能生出果法呢？所以，这种生法[缘]的安立是不成立的。

若果是缘性，诸缘非自性，

从无自性生，岂得缘自性？

（原译：若果从缘生，是缘无自性。从无自性生，何得从缘生？）

他宗又进一步狡辩道：如果缘与果法为他体，则可以考虑缘中是否有果。但缘的本性即为果，二者不可能异体。所以，应当承许果仅仅是缘的自性或者形态而已。

如此承认也不合理。

如果毛线等缘的自体、本性或者自性能够成立，则毛线可以成为氆氇，即二者一体。但彼等因缘仅仅具备了支分性形态，却不能成立其自性。如此从本来并非实体且无有自性的缘中，又怎么能生出果法呢？彼缘又如何能成立缘的自性呢？绝不可能。犹如宝瓶与空中鲜花的自性大相径庭一般。

故缘非自性，非缘性成果，

非有中无果，非缘岂成缘？

（原译：果不从缘生，不从非缘生。以果无有故，缘非缘亦无。）

因此，作为果法，其缘却并不具有自性。如云："氆氇自因成，因自他法成，其本体不成，岂由他生成？"

如果对方认为：果法是由非缘而成立为自性的。

在非缘中就更不存在具备自性的果法。如同在毛线中都不具备氆氇的自性，则在茅草中又怎么会具备氆氇呢？

他宗又反驳道：如果观察果法，的确不存在缘。但缘与非缘应当存在，你们不是也口口声声地说过"非缘当中……"等等吗？既然缘与非缘存在，果法又凭什么不存在呢？

自宗对此驳斥道：如果果法存在，则对于氆氇而言的毛线等缘以及茅草等非缘也可以存在，如果按前面所说那样对果法进行观察，就会大失所望地发现：其二者根本不存在。

因此，分开而安立的所谓"非缘是生成实物果法之缘"的立宗，又怎么可能成立呢？断无此理！

《无畏论》中云："如果承许'果依缘而产生'，但缘并非像果一样从（缘）自己而生。这种由并非自生之缘而产生的果法又岂能说是'自缘而生'呢？这种说法根本无处安立。因此，果法并非依缘而生，依非缘而产生的果法也不存在。

如此观察可以了知，如果果法都不存在。那么，所谓'缘与非缘'之说又怎么能成为真理呢？所以，这种观点根本不成立的！"

《中观根本慧论》之第一观因缘品释终

二、观去来品

丁二（观去来品）分二：一、经部关联；二、品关联。

戊一、经部关联：

如经云“妙力伏，色法无来亦无去”等，宣说了无有来去的道理。

戊二、品关联：

前面顶礼句中所说的“不来亦不去”，进一步阐释了这个道理。

（品关联）分二：一、广说理证；二、以理证摄义。

己一（广说理证）分三：一、遮破所立；二、遮破能立；三、以观察之理遮破。

庚一（遮破所立）分二：一、观察作业而破；二、观察作者而破。

辛一、观察作业而破：

已去无有去，未去亦无去，
离已去未去，去时亦无去。

下文中的“去者”是指补特伽罗，“去”是指去的行为［去法］，“去时”是指去的作业。

所谓“宣说以文字进行遮破的道理”，意即从三时分别进行遮破。

“已去”的已经过去，而“未去”的则因去法尚未生起，所以不合理。

如果去者前往某地，跨越了一段距离可以称之为去；如果没有跨越，则为未去。除此二者以外，不存在其他情况。

如果对方认为：现在正在行走的脚踩踏的某处即为“去时”。

（这也是不合理的。）我们只需稍加观察即可了知，包括脚也是极微尘[1]的本性。在脚趾处微尘的后方，应为已去的范围；而在脚踵处微尘的前方，却理当属于未去。除了“已去”“未去”平分秋色之外，其他所谓第三种情形的“去时”始终不可能存在。

我们可以先对去法进行观察：因为道路上去的行为已经灭尽，所以在以前所去的道路上不可能去；又因去的行为尚未生起，所以在未去的道路上也不能去。除了已去以及之前未去的道路二者之外，以现在正在去的行为所摄的所谓“去时”是以正量无法了知的。

动处则有去，此去时之动。
非已去未去，是故去时去。

（原译：动处则有去，此中有去时。非已去未去，是故去时去。）

如果对方认为：何处有脚部提放的动作，彼处则应该有去的行为。也就是说，仅仅某补特伽罗现在正在行走时的这种跨越[去时]，是存在动作的。这种动作既不是以前已去，也不是未去。因此，在正在跨越[去时]去往他方的动作中存在去法。

1 极微尘：色法之最极细微粒子，如欲界所有之八尘质聚。分别说一切有部等师承认极微尘为五方分微尘实体。

云何于去时，而当有去法。

若离于去法，去时不可得。

但是，去的行为仅此一次，除此之外不存在其他的去法。如果将第一个所谓“去时”的动词以及第二个所谓“去”的动词，均合并于去时当中，则去时与去就会成为同一个含义，只不过在名称上有所不同而已。如果这样，就只能成立所谓的“去时”，除此之外所谓“去”的说法就不合理。

怎么能在“去时”当中，而使去法能合理地以自性而成立为有呢？其原因可以从三方面加以观察：

首先，不存在去法的去时是毫无道理的，因为去时中所包含的动词含义不存在。（既然不存在去法，又岂能成立去时呢？）

若言去时去，彼者于去时，

应成无去法，去时有去故。

（原译：若言去时去，是人则有咎。离去有去时，去时独去故。）

其次，如果有人说“在去时中去”，即已经将去时中的动词与去法合为一体。则去时中的去法就会成为空无或者无有。因为去时自身无有去法，所以（去时中）动词的含义也是空无。（既然去的行为仅有一次，也就不可能属于去时。那么，又怎么可能在去时中去呢？）

若去时有去，则有二种去。

一谓为去时，二谓去时去。

另外，如果承许去时与去二者中都包含去的行为，则应成有两种去法。其一，乃为在有去法的道路上去的那个使“去时”的命名能够成立的去法；其二，乃为在去时中所有的去法本身。

若有二去法，则有二去者。

以离于去者，去法不可得。

如果同时存在两个去法，则应该成立两个去者。因为，如果所依的去者不存在，则其依者去法也不可能得到。

总之，在此时此刻，去的本体、所依的补特伽罗、去事三者都已经被彻底遮破。（以此类推，）包括住的因果等等也可以被一并遮破。

辛二、观察作者而破：

若离于去者，去法不可得。

以无去法故，何得有去者。

如果对方又争辩道：去法是存在的。如果没有去者，则去法不可能成立。但并非如此，因为世间人都能看见天授等等是在路上的去者。

事实并非如此。因为该去者是与去的行为［去法］相观待而安立的。但在此处并没有去的行为，去者又岂能存在呢？绝无可能！

去者则不去，不去者不去，

离去不去者，无第三去者。

如果对方认为：倘若没有去法，则“不具去法的天授在去”之说就不可能成立。如同不具手杖，则不能称其为“持杖者”一样。（因为“天授在去”的说法成立，所以去法也应该成立。）

如果所谓“去”的本体具备的话，则无论从三方面如何进行观察，都应当经得起考验。下面，我们就对其观点进行观察，看其结果究竟如何：

首先，作为去者则不会去。关于此理，我们将在下面进行阐述；其次，不去者就更不可能去，因为已经远离去法；最后，在去者与不去者之外的第三者，又怎么会去呢？此理根本无法立足。

如果对方认为：后两种情况的确不能去，但第一种情况应该可以去。

但是，“去”的行为仅此一次，此行为究竟是与作者相关联，还是与“去”的意义相关联，抑或是与两者同时相关联呢？

如果承许第一种情况，也即没有去法的单独去者之说，但没有去法的单独去者显然是不存在的。

如果承许第二种情况，则去者与去的行为已经分离。这样，应成没有去法的去者。（这也明显不合理。）

如果承许第三种情况，则如同我们在前面已经观察过的一样，因为存在两次去法，就会导致有“两个作者”等等的过失。

若离于去法，去者不可得。

若言去者去，云何有此义？

（原译：若言去者去，云何有此义，若离于去法，去者不可得。）

（下面，我们再换一个角度来进行观察：）去法与去者究竟是一体，还是异体呢？

如果承许第一种情况，即在离开去法的情况下，去者不可能成立。既然如此，所谓“去者去”的说法又怎么能成立呢？因为（去者的）去法并不成立。

去者去何处，彼去者将成，
无去之去者，许去者去故。

（原译：若去者有去，则有二种去：一谓去者去，二谓去法去。）

如果承许第二种情况，则去者本身与去的行为已经分离。无论去者去往何处，如果认为去者具有去法，这就会导致没有去法也是去者之过。因为你们承许的所谓“去者”并没有去的行为，而是（在成为“去者”）之后，才有去法的。

若谓去者去，是人则有咎。
离去有去者，说去者有去。

如果承许即使其二者为异体，但去者与去的行为却不能分离，也即成为去者去的话，则有使去的行为成为两种的过失。

为什么呢？因为，首先使去者成为现实的行为，乃为第一个行为；其次，在去者成立以后，还需再有去的行为则为第二个行为。

因此，去者与去法等只不过是相互观待而假立的，除此之外，如果对其本体进行观察，则了不可得。

庚二、遮破能立：

已去中无发，未去中无发，

去时中无发，何处当有发？

如果对方又提出：如果天授在舍弃停顿之后，有出发的行为，则去法也就应该存在。如果去法不存在，则出发也就不可能存在。就像“如果乌龟没有毛，则不可能用其毛制成衣服”的说法一样。（但是，出发是存在的，所以去法也就应该存在。）

如果“出发”的行为存在，则应该经得起以三时加以观察。（但事实并非如此。首先，）在去的行为已经过去的情况下，则不存在出发，因为出发是现时之法；其次，如果去的行为发生在未来，也不存在出发，因为时间相违。尚未生起的所依之法[去法]不存在，（则出发的安立）也不合理；而对现在的去时而言，也不存在出发，因为不是过去（去）或者未来（去）二者的去时，其本身的体相根本就不存在。而且，如果出发存在的话，就会有两次行为的过失，并由此导致两个作者的过失。

因此，在已去的道路上没有出发，因为去法已经灭尽；在未去中也同样没有出发，因为未来与现在相违；现在正在去的过程也不存在出发。如果（三时中）都没有出发，那么，又在哪条道上出发呢？即使道存在，出发的存在也不合理。

于未发之前，何处发可成？

去无去时无，未去何有发？

（原译：未发无去时，亦无有已去，是二应有发，未去何有发？）

如果对方提出：去法应该是存在的，因为有已经趋入、正在趋入以及尚未趋入三种道路之说。

如果去者成立，则天授正在坐的时候应该另外有出发。但在出发者没有出发或者说是出发之前，也即天授停留的时候，又能在哪条道上出发呢？因为在那条道上，既没有正在趋入的去时，也没有在道上已去。

如果对方又认为：既然如此，那么在未去的道上应该有出发吧？

在“未去”中去的行为尚未产生，也没有出发，那么出发又何在呢？正如人正在停留而并没有在道上去。

因此，只有去的行为已经生起才能称其为“出发”，直至出发尚未生起之前，正在去的概念也不存在。如同已去以及停驻时的情况一样。

一切无有发，何故而分别？

去无未去无，亦复去时无。

（原译：无去无未去，亦复无去时，一切无有发，何故而分别？）

如果对方又说：虽然以此可以得出在三种道中没有出发的结论，但是，因为“已去”“未去”以及“去时”这三种情形是必定存在的，所以，如

果没有去，就不合理。

但是，无论在任何时候，如果以正量加以观察，所有情况的出发都了不可得或者不存在。

前面的已去中怎么可能存在出发？现在正在去的过程以及未去中，又怎么可能存在出发呢？既然这种说法无论如何进行观察都不存在，那么这种颠倒之谬论又怎么经得起以三时进行观察呢？

去者则不住，不去者不住，

离去不去者，何有第三住？

如果对方又提出：去法应该是存在的，因为与其相对的住法存在。无论何法，只要存在对治之法，该法就必定存在。如同光明与黑暗，此岸与彼岸相对而成立一样。

如果住法或者安住的本体成立，则不应该超离于三时。但如果对其进行观察（，就会知道其并不成立）。

首先，在去者中则不能成立住，有关此理，将在下文进行阐述。

其次，在不去者中也没有住，如果在不去者中住法还能成立，则有两种住法，这就必将导致两个住者的过失。

如果认为“天授”是去鹿野苑的去者，而“供施”却不是去往那里的去者，那么，如果他是住者的话，我们就可以反问：“供施究竟在何处住呢？”如果回答说在王舍城住，就可以进一步又问：“他究竟去还是没有去王舍城呢？……”

一般说来，没有去法也不能称之为“住”，（就像没有去法的）虚空，又怎么会有住呢？如果住法以本体能够成立，则应当在去者之外，以他体的方式存在。但住者并不是住法，因为作者与行为并非一体。因此，没有住者又由谁来住呢？

第三，在去者与不去者之外的第三者又有谁能住呢？绝不可能！

若当离于去，去者不可得，

去者若当住，云何有此义？

（原译：去者若当住，云何有此义？若当离于去，去者不可得。）

如果对方认为：后两者的确没有住，但是在去者中，住应该是成立的。

但是，如果离开了去法，则称其为去者也不合理；如果有去法，住者又不能成立。所谓“去者正在住”的说法，又怎么可能符合逻辑呢？不可能。

如果对方又固执地扬言：去法的本体是存在的，因为去法之外的住法存在，并且安住于去法之外。

这也是不合理的。因为，如果以三时对住法进行观察（就可以了知），正在去的过程当中，去的行为不是住。而所谓“去时”，又不可能在已去以及未去之外得到。即使去时存在，去法也不应该存在，其道理我们已经在前面进行了论述。再进一步，即使去法成立，但去法与住法两者在同一时间成立又是相违的（，因此也不合理）。既然在过去与未来的道上，都不存在去法，则于其上的住法也同样不能成立。犹如石女的儿子不可能存在死亡一样。

去时无有回，去未去无回，

所有去发回，皆同于去义。

（原译：去未去无住，去时亦无住，所有行止法，皆同于去义。）

正在去的过程中不成立返回，已去和未去当中也不成立返回。针对于为了住法成立而与其相伴的“去”，以及趋入去法的“发”，还有自住法中返回去法的“回”三者，其遮破方式都是完全与“去”相同的。我们可以用“住者则不去，不住亦不去，离住不住者，何有第三去”“住中无有发，未住亦无发，住时更无发，何处当有发”以及“住时无有回，住未住无回”等方式，只需将语气稍微进行改变即可以建立我们的观点。

庚三（以观察之理遮破）分二：一、观作者之一异而破；二、观行为之一异而破。

辛一、观作者之一异而破：

去法即去者，是事则不然，

去法异去者，是事亦不然。

如果对方又提出：虽说对三种道路等进行观察，都没有去法，但是，士夫的脚迈步的行为是现量所见的。所以，去者与去法还是存在的。

我们可以就此进行反问：如果去的行为与去的作者两者以自性能够成

立的话，那么它们是一体还是异体呢？但这两种情况都是不合理的。也就是说，“去法与去者两者互相之间的关系为一体”的说法是不合理的，而“去法与去者两者为异体”的说法也是不合理的。为什么呢？

若谓于去法，即为是去者，

作者及作业，是事则为一。

如果说去法即是去者，则作者与其所作的业二者，就有成为同一者的过患。如果这样的话，则无法分辨出“这是作者”“这是其所作的行为”之间的差别，但这是绝对不可能的。如同砍断的行为与被砍断者之间，也不可能没有区别一样。

若谓于去法，有异于去者，

离去者有去，离去有去者。

如果说去法与去者为异体以自性能够成立。如同互不观待的宝瓶与氆氇，在一者不具备的情况下，另一者还可以在别处单独得到。

但这种情况也是不可能存在的。如果承许去法与去者为异体，则就成了离开去者而单独存在去法，与离开去法而单独存在去者。

去去者是二，若于一异法，

二门俱不成，云何当有成？

（原译：去去者是二，若一异法成，二门俱不成，云何当有成？）

如果去法与去者在成立为一体的自性，与成立为异体的性质两种情况下，都不能成立的话，则其二者又怎能在自性或实体上成立呢？所以，去法与去者并不存在。

辛二（观行为之一异而破）分二：一、观察二者而破；二、观察各种能作所作而破。

壬一、观察二者而破：

因去知去者，不能用是去，
先无有去法，故无去者去。

如果对方又认为：如同世间人都共称“天授在走路”“说者在说话”“作者在做事”一样，“去者在去”的说法又怎么会有过失呢？

如果去者与去法（去的行为）的本体存在，而且也正是以（该）去法表明或使人了知去者的，则这样的去法就不是去者所作的去。

其原因为：在去的行为没有产生之前，并不存在去者。因此，去者去往某一村落或者城市的去法也是不存在的。

因去知去者，不能用异去，
于一去者中，不得二去故。

如果对方又提出：用去的行为就可以表示去者，其二者是处于同一时间的，因为互为表示，所以并没有过失。

事实并非如此，在去的行为没有产生之前，都只能称之为非去者。只有在去的行为产生并发生作用之后，去者才会与其同时生灭。但去者是以去法而实现的，在去法没有生起之前，若去者已经成立，则其不能成为作者；如果不是去者（而是作者），则在任何时候都不能称之为去者。去者所作的去法以其自性而存在（的观点），从两方面加以观察，都了不可得。而以该（去法），也不能重新将该补特伽罗表明为去者。

如果去法能够使去者实现[知]并且表明去者，则其之外与其相异的某一个（去法）并不能用作彼去者的去。为什么呢？因为，在一个去者当中，是不应该既存在表明自己是去者的去法，又存在于其之外的其他去法这两种去法的。

壬二、观察各种能作所作而破：

决定有去者，不能用三去，
不决定去者，亦不用三去。

决定是去者又同时具备去的行为，无论从前往目的地的已去、未去以及去时三种情形的去都不能采用。

而远离去法的决定不是去者，仍然三种去都不能采用。

去法定不定，去者不用三，
是故去去者，所去处皆无。

无论决定是去法，还是决定不是去法，抑或两者兼具的情形，三种去法的去都不能采用。《显句论》云："三种情形的去，也即无论决定去，还是不决定去，或两者兼具三种情况，在第八品中，通过对作与作者进行观察时，以‘决定有作者，不作决定业’等将进行宣说。”

在《佛护论》中，也如同前述而就已去、未去、去时三者进行了阐述。

在决定是去法时，可用去者已经成立等前面所采用的观察方式加以破斥；在决定不是去法时，则在三种道路上都不可能去，因为已经远离去法，如同住者一样；而二者兼具的情形，是以两方面的理证可损，或者（可以说该情形）不存在的。

前往彼处与来至此地两者，都属于去法。（既然前面已经对去法进行了分析，）那么对于“来”，也就不必以其他理证（进行分析了）。

己二、以理证摄义：

由以上观察可以得知，无论是去法、去者还是所去的道路三者，都无法存在。因此，由一处前往另一处的去时（正去）等法，其本性也在任何时候都不能合理成立。如同印章中的印模与明镜中的影象等等一般。

总之，此法——远离了“从那里来至这里”或“从这里去往那里”的来去等一切能作所作，犹如虚空般的无显智慧已经宣说完毕。

《中观根本慧论》之第二观去来品释终

三、观六情品[1]

丁三（观六情品）分二：一、经部关联；二、品关联。

戊一、经部关联：

《般若经》云“眼以眼空”等诠释了无有十二处的道理。

戊二、品关联：

如果认为：十二处是存在的。“见、闻、嗅、觉、触、意”的眼等六根［情］，以及它们的行境——色境等六处［尘］是存在的。

为了证明处不存在，而宣说本品。

（品关联）分三：一、破承许根为见者；二、破承许我或识为见者；三、以此理亦可破斥其他立宗。

己一、破承许根为见者：

眼耳及鼻舌，身意等六情，

此眼等六情，行色等六尘。

如果有人认为：虽然在此有遮破去法等等的如前种种所说，但据《俱舍论》记载：见、闻、嗅、觉、触乃至意识之间的眼等六根，以及它们的所行处［行境］——所见色境等六境，即为十二处。所以，十二处应当存在。

1 本品藏文原意为观处品，因本意相差不大，为尊重鸠摩罗什原译，未作改动。

是眼则不能，自见其己体。

若不能自见，云何见余物？

事实并非如此。对方所谓“眼为见者”的说法，如同火与暖热以及水与湿润一样，（是观待而成立的。）但对于眼根本身而言，所谓的“见”，应当是在不观待的情况下，以自性而成立的。

《中观四百论》云：“一切法本性，先应自能见，何故此眼根，不见于眼性？”因此，如果眼根自己能够看见自己，那么这种见解就可以成立。但是，如同水具暖热性及火具湿润性一样，眼根自己能够看见自己的情形是根本不存在的。因此，所谓的“见”也丝毫不可成立。这样一来，眼根也就不能见到他法。

作为见色法的眼根，对于其本身并不能自见，因为其无有对境或者说是自己对自己起作用相违。既然对自己不能见或者远离了见法，那么，彼等又怎么能见其他蓝色等色法呢？如同耳根一样。

火喻则不能，成于眼见法。

去未去去时，已总答是事。

如果对方又认为：虽然不能见自己，但与能见他体并不相违。犹如火虽然不会燃烧自己，却能燃烧其他的木柴一样。

为了“虽然不能见自己，却能见他体”以本性能够妥为成立而安立的火喻，并不能使其论点成立。关于此理，以前面已经对已去、未去以及去时三种去所进行的观察就可以说明。因为火的比喻与其义所表达的见都是观待而成立的。所以，通过对去的观察，就对包括见在内的所有问题都予以了回答。

也就是说，因为火也有已燃、未燃等等划分方式，通过“燃者则不燃，未燃者不燃，离燃未燃者，无第三燃者”等对所燃的木柴；以及通过“已见则不见，未见亦不见，离见未见者，无第三见者”等对所见的外境色法，以三时进行观察抉择，其理证要点都是一致的。

我们还可以通过“已燃者不燃”等对能燃者火焰，以及“已见者不见”等对能见的眼根，以三时进行分析（，从而抉择其自性不存在）。

见若未见时，则不名为见，

而言见能见，是事则不然。

在对自他毫许未见时，则不能称其为见。因此，“以存在自性的眼睛看见色法”的彼等说法，又岂能合理呢？如同柱子一样。

见不能有见，非见亦不见。

眼睛作为具有见的自性者[见者]，是不能与见的行为相关联而见色法的。因为，任何以自性成立的眼睛，都不应该与见的行为相关联。否则，就会有两种行为的过失，并由此而衍生出两个作者的过失。

而眼睛作为不是具有见的自性者[非见者]，也是不能见，因为已经远离了见的行为，犹如指尖一般。

己二、破承许我或识为见者：

若已破于见，则为破见者。

如果对方认为：就像“天授用斧头砍树”的说法一样，眼睛只不过是一种助缘而已，真正的见者是人我或者眼识。

但是，用遮破见的方式，就可以将承许我或者眼识为见者的观点也一并遮破的道理，（在前面）已经做了陈述，大家应当悉知。也就是以“是眼则不能，自见其己体”等推导过程，只需将文字稍作改动便可。

离见不离见，见者不可得。
以无见者故，何有见可见？

如果对方认为：见者就是存在的，因为其所作的业以及能作是存在的。

如果见者存在，则其所作的业以及能作存在就有道理，但见者并不存在。（我们有理由提出疑问：你们安立的见者，）是与见的行为相观待还是不相观待而存在的作者呢？

如果是第一种见者，也即不离开见的行为或者与见的行为相观待的见者，是不会存在的。我们可以从见者以自性已经成立或者尚未成立两方面进行观察。

如果自性已经成立，则同与见法互相观待相违；如果尚未成立，则不可能相观待，如同兔角一般。

如果是第二种见者，也即舍离见法的见者，也是不合理的。因为与见法不相观待的见者并不存在，（该见者已经）远离见法，犹如虚空中的鲜花一样。

由此可以质问道：作为因的见者都不存在，则其所见的色法、能见的眼睛或者行为，此等一切又焉能存在呢？绝不可能存在！

见可见无故，识等四法无。
近取等诸缘，云何当得有？

（原译：见可见无故，识等四法无。四取等诸缘，云何当得有？）

如果对方仍然认为：所见以及见的自性就是存在的，因为其二者的结果眼识、（根境识）三者相结合的触、由其而产生的受以及以此为缘而萌生的爱是存在的。以什么样的比喻可以说明这一点呢？我们可以用依靠父母来繁殖儿子之类的比喻来说明。

正如前面所说，因为所见以及见的行为二者都不存在，其结果识、触、受以及爱等四者也是不会存在的。所以，近取以及“等”所包括的有、生、老死等等又怎么可能存在呢？因为它们的因都根本没有。

己三、以此理亦可破斥其他立宗：

耳鼻舌身意，声及闻者等，
当知如是义，皆同于上说。

依照以上所阐述的有关见法的道理，也就宣说了对耳、鼻、舌、身以及意等五根，听者、嗅者等五识，所听等五境进行破斥的方式，诸位应当善为了达。也就是以“是耳则不能，自闻其己体”等方式进行推导。

关于此品（的名称），其他三部大疏都称其为“观处品”，《显句论》中称其为“观根［情］品”[1]。观察以根为主的处以自性是否存在的道理于此宣讲完毕。

《中观根本慧论》之第三观六情品释终

1 此观点与鸠摩罗什译本内容一致。

四、观五阴品

丁四（观五阴品）分二：一、经部关联；二、品关联。

戊一、经部关联：

如《般若经》云“色以色空”等，宣说了无有五蕴［阴］的道理。

戊二、品关联：

如果有人认为：五蕴是存在的，因为《俱舍论》中也是这样宣说的；又因为在五蕴中又包含了十二处，所以，五蕴是存在的。

为了证明五蕴不存在，而宣说本品。

此品分三：一、遮破色蕴；二、以此理亦可遮破他法；三、辩驳之理。

己一（遮破色蕴）分二：一、立宗；二、理由。

庚一、立宗：

若离于色因，色则不可得。
若当离于色，色因不可得。

除开色法的因——四大之外，根本不存在其他自性成立的果色[1]——五境、五根。而除开“果色”之外，也不可能另外存在自性成立的色法之因——四大。

1 果色：以四大种为因所生起的色法，如五根等内色和五境等外色。

庚二（理由）分二：一、理由之一；二、理由之二。

辛一、理由之一：

离色因有色，是色则无因。
无因而有法，是事则不然。

其原因如下：如果除开色法的因，而单独存在其他自性成立的果色，则其果色将存在无因的过失。因为（果色与因法的关系）如同宝瓶与氆氇一般毫无瓜葛，或者（果色的）自性已经成立，并不观待因法。然而，不具备因法的任何事物，在何时何地都不可能存在，因为有恒常存在或恒常无有等过失。

辛二、理由之二：

若离色有因，则是无果因。
若言无果因，则无有是处。

倘若承许在除开“果色”之外，存在色法的因，则（这样的因法）就成了无果之因。但是，因为（这样的无果之因）远离了因法以因法的性质而安立的理由，如同虚空中的鲜花一般。所以，无果之因在任何时候都不存在。

若已有色者，则不用色因。
若无有色者，亦不用色因。

另外，假如果色的自性已经具备，则色法之因尚存就不合理，因为其

[果色]自性已经成立，则因法也就不需要了；假如果色尚未具备，而色法之因的存在也不合理，因为其自性根本不存在，（色因）也就不能使其产生了。

无因而有色，是事终不然。
是故有智者，不应分别色。

通过如上观察可以确认“色法之因不存在”，也即“无因的色法成立”的立宗，其理由在任何时候都不合理或者说是非理，这里[1]之所以以两次否定进行遮破，无非是为了反复加深印象，以便铭记不忘。

无因之谈实在是极其低劣的说法，无论以现量还是比量，都足以迎头给予其极其沉重的打击。

以如前对色法所进行的观察，可得出结论：色法在任何时候都不存在！

因此，现见真实义的智者瑜伽士们，对于有碍无碍等，以及黄色蓝色等色相，千万不要建立少许分别念，因为彼等远离自性。

若果似于因，是事则不然。
果若不似因，是事亦不然。

如果他人还是对四大，即色法之因心存分别。我们就可以提出疑问：（你们所认为的因，）究竟是产生与其自身相同的果，还是与其自身不同的果呢？

1 这里：指藏文颂词里，在鸠摩罗什的译本中，只有一次否定。

如果对方回答说“是产生与因相同的果”，就不合理。因为（众所周知），作为因的（四大所有的）坚硬、潮湿等性质，与其所产生的果——五根、五境，即种子、苗芽的性相是迥然各异或大相径庭的。

如果对方回答说“是产生与因不同的果”，也不合理。因为，完全不同的因如果能成为果，将有因果相随相依的定论无法安立的过失。

己二、以此理亦可遮破他法：

受阴及想阴，行阴识阴等。

其余一切法，皆同于色阴。

另外，针对果法受蕴与因法触、想蕴以及与其同时产生的识蕴、行蕴与无明、心识以及与之俱生的行蕴[1]、法相与事相[2]、支分与有支等等一切法而言，遮破此等诸种情形的方式完全或者彻底地与遮破色蕴自性的道理相同，我们可以依次各各击破，即以“若离于受因[触]，受法不可得；若当离于受，触法不可得”等等次第，只需做一些词句上的调整即可。

己三、辩驳之理：

以空辩论时，若人欲答辩。

是则不成答，俱同所立故。

（原译：若人有问者，离空而欲答。是则不成答，俱同于彼疑。）

1 与之俱生的行蕴：此话的意思应指其他的受蕴、想蕴、行蕴、识蕴。
2 事相：法相所表名相事例。如云金瓶，即是瓶之事相。

正因为一法的自性空，也就是一切法的自性。所以，宣说空性的中观论师们，在建立色蕴无有自性的立宗，并以尖锐措辞反驳宣说色蕴具有自性的对方，而进行辩论时，对方所罗列出的不空观点之能立——无论以提出（对方认为不空的）受蕴等何种要求做出答辩的主张所建立的一切理论，都不能成其为答案，因为这些所谓能立的答复，与其所立等同。（中观论师）以上述观点，给予了对方致命的一击。

解说空性时，若人言其过。

是则不成过，俱同于所立。

（原译：若人有难问，离空说其过。是不成难问，俱同于彼疑。）

另外，宣说空性的中观论师们，在阐述“诸法无有自性”的立宗时，有人［有实宗］因为对此有怀疑，而认为这是不合理的，继而言说其种种过咎，但这一切并不能成其为过咎。因为，无论对方以何种理由安立过咎，其理由［能立］都与所立一样（不可成立），反而更加明示了无自性之理。

《中观根本慧论》之第四观五阴品释终

五、观六种品[1]

丁五（观六种品）分二：一、经部关联；二、品关联。

戊一、经部关联：

《般若经》云“地界无自性”等，诠解了无有诸界的道理。

戊二、品关联：

如果对方认为：地界等是存在的。因为它们的法相可以安立。

为了证明诸界不存在，而宣说本品。

此品分三：一、遮破空界；二、以此理亦可遮破他法；三、呵斥边执见。

己一（遮破空界）分四：一、遮破事相；二、遮破建立法相之理；三、遮破有实无实；四、总摄遮破成立之义。

庚一、遮破事相：

空相未有时，则无虚空法。
若先有虚空，即为是无相。

如果对方认为：就连世尊也说过“大国王士夫补特伽罗具有六界……”，并且，它们[地、水、火、风、空]的法相——坚硬、湿润、

1 本品藏文原意为观界品，因本意相同，为尊重鸠摩罗什原译，未作改动。

暖热、动摇、无碍，都分别能以理而成立。（所以，地界等是存在的。）

如果法相能够成立，则事相就能够成立。然而，其事相并不能成立，因为能立等同所立。法相与事相之间是相互观待而存在的，并不是以本体而成立的。

以无碍法相根本不能建立虚空事相存在的结论。也就是说，在虚空的法相——无碍成立之前，以其法相而建立的事相——虚空毫许也不可存在。其理由是：倘若在法相成立之前，事相虚空存在的话，则有在此之前存在不具备无碍法相的虚空之过失。所以，这个道理不会存在。

是无相之法，一切处无有。
若无无相法，法相依何成？

（原译：是无相之法，一切处无有。于无相法中，相则无所相。）

无有法相的事相之法，丝毫也不可能在何时何地存在，犹如石女的儿子一般。因此，如果在任何时候，都没有不具法相的所依——事相之法，则其能依——法相又依靠什么作为基础而建立呢？根本无法建立！

庚二、遮破建立法相之理：

有相无相中，相则无所住。
离有相无相，余处亦不住。

如果对方仍然固执己见，并创立出法相存在的道理，那么我们可以随即进行观察：（你们所建立的法相，）是在根本没有法相的前提下，还是在法相已经存在的前提下，抑或是在二者之外的其他情况下建立的呢？

如果之前根本不存在法相，即法相的建立都不存在，建立法相就不应理，因为已经远离法相。（这种所谓的法相，）即使在名言中也不能存在，犹如兔角一般。

在法相已经具备的情况下，也不能建立法相，因为法相已经成立，就不会再成立，并不需要建立两个法相。如果（已经存在，）还需要再建立的话，（则有无穷建立的过失。）无论何时，以无穷的方式都不能成立法相。并且，这样会导致众多事相等过失。

在法相已经成立，与法相尚未成立二者之外的其他情况下，也不能建立法相。因为成立与不成立二者现量相违，所以其二者同时具备的同分[1]或者二者皆不具备的情况都不可能存在。

相法无有故，可相法亦无。
可相法无故，相法亦复无。

如果对方还是固执已见地认为：虽然法相不存在，但是事相［可相法］还是可以存在。

但是，任何“不具备法相的事相”都不应该存在。因为必须在法相已经建立的情形下，事相才能安立。

如果对方还是认为：你们虽然对建立于事相之上的法相进行了遮止，

1 同分：即同位。异体的两种事物同时存在于一处。如说金瓶，此既是金，又是瓶，故说名同位。

但并没有遮破法相本身的实有，所以法相还是存在的。既然法相存在，则事相也应该存在。

并非如此！既然所依事相的存在不合理，则能依的法相也不会存在。犹如石女女儿的姿态一般。

是故今无相，亦无有可相

一言而蔽之，所依的事相不存在，因为其不存在，则能依的法相也不会存在。所以，二者都不能存在。

庚三（遮破有实无实）分二：一、遮破所立；二、遮破能立。

辛一、遮破所立：

离相可相已，更亦无有物。

如果对方还是认为：虽然像刚才那样对法相与事相分别进行观察，不存在是合理的。但是，虚空本身的实有还是存在的，如果它的实有存在，则法相与事相也应该能成立。

并非如此！离开已经遮破的事相与法相二者之外的所谓“虚空的实有”，更是如同虚空中的鲜花一般，即使在名言中也是不存在的。

若使无有有，云何当有无？

如果某些人又认为：虽然虚空无碍的实有不成立，但虚空无实的自性还是应该存在的。

如果连所谓的“实有”都不存在，而作为所破法的所谓“无实”，又成立为何法的无实呢？绝不会成立。

关于此理，后面还将以“倘若无实有，无实不可成。士夫言无实”的表述方式进一步进行阐释。

如此观察可以了知，即使在名言中，所谓的“实有”也不可能成立，那么，又怎么会成立它的无实呢？完全是子虚乌有！

辛二、遮破能立：

有无俱非中，知有无者谁？

如果对方还是顽固地认为：有实无实就是存在的，因为对于这两个概念的了知者——你们等是存在的。

但是，作为能了知者，是由实有、无实，以及除此之外的第三者——二者皆非［非］或者有实无实法位于同体［俱或二者兼具］[1]的哪种补特伽罗，来了知或者通晓有实法以及无实法的呢？但是，无论（该补特伽罗）属于此三者中的哪种情形，都是不合理的。因为，以前面的表述，就已经将有实、无实的总体彻底击毁，而直接相违的违品[2]第三者并不存在。

庚四、总摄遮破成立之义：

是故知虚空，非有亦非无，

1 此处作者将二者皆非与二者兼具两种情形，全部列为有实无实之外的第三者。望详察。
2 此处指二者皆非与二者兼具两种情形。

非相非可相。

因为法相的建立是不合理的，所以虚空既不是实有，也不是无实；既不存在法相，也不存在事相。

己二、以此理亦可遮破他法：

余五同虚空。

地、水等其余五界[1]，都可以采用与观察虚空一致的方式。即像前面一样，以“地相无有时，则无地大法”等方式，只需在措辞上做些微更改进行观察即可。

如果对方自以为抓住了把柄，而洋洋得意地说道：你们的这些陈述，岂不是在宣扬抹杀现实的顺世派主张吗？

《般若灯论》云：“遮遣本性有，并非言及本性无。于此虽破实有，然不可执为无实，若言非为黑，未说即为白。”

《佛护论》也云：“没有宣说五蕴等不存在，只是遮遣了其本性的存在。”

所以，执著二边都是不对的。后面的“谓有执为常”等词句应当提到此处引用，可以使此理更加坚不可摧。

正如《三摩地王经》所云“谓有无者即二边，净与不净亦为边，是故舍弃二边后，智者亦不住中间”等，以此遮破一切边的理证智慧，即可对“离戏”的境界也不耽执。如果在苗芽之上不能见到有无等，则无法用比

1 其余五界：指地、水、火、风、识。

量的智慧安立有无等一切戏论。

因此，“所谓离戏，只不过是名言而已”的说法，实在是精彩之言。

己三、呵斥边执见：

浅智见诸法，若有若无相。
是则不能见，灭见安隐法。

诸法的本性原本如此。然而，为无明眼翳所遮障的浅智之徒们，却对诸法远离有无之边的离戏自性一窍不通。不是认为有，就是认为无。所以始终无法见到胜义的、彻底平息见分别念戏论的、永灭痛苦等等的法身空性，因为他们具有边执妄念。

《中观根本慧论》之第五观六种品释终

六、观染染者品[1]

丁六（观染染者品）分二：一、经部关联；二、品关联。

戊一、经部关联：

《般若经》云“贪欲清净，故色法清净”等，昭示了无有贪欲与贪者的道理。

戊二、品关联：

如果认为：蕴界处等是存在的。因为它们的一切所依者［能依］——烦恼存在。

为了证明其不存在，而宣说本品。

此品分二：一、遮破贪欲之惑；二、以此理亦可遮破他法。

己一（遮破贪欲之惑）分三：一、破前后次第而生；二、破同时而生；三、摄义。

庚一、破前后次第而生：

若离于染法，先自有染者。
因是染欲者，应生于染法。

如果认为：蕴界处等是存在的。因为它们的一切所依者［能依］——

1 鸠摩罗什原译为“观染染者品”，为贴近藏文解释原意，便于大家理解，故在解释中将原译中的“染”，译为贪或贪欲；将“染者”译为贪者。因本意相同，故未对偈颂作更改。

烦恼存在。如果所依不存在，则能依也不会存在。犹如石女儿子的烦恼一样。（所以，如果能依烦恼存在，则所依蕴界处等也必然存在。）

还有，烦恼缘于外境而生起之因也是存在的。经中不是也说“诸比丘，少闻之凡夫堕于常边，以眼见诸色法，于悦意处贪爱耽执，而成贪者”吗？

这种推导也是不对的。为什么呢？因为，所谓贪欲，即是对有漏的可心之境生起爱意者的心所。而贪者即是贪执外境的心王或补特伽罗，也是贪欲的所依。

如果贪欲的自性成立，那么请问贪者在之前究竟是存在还是不存在呢？

假如是第一种情况，也即在贪欲存在之前，存在不具贪欲的贪者，则依存于彼贪者的贪欲也可以存在。但是，因为（不具贪欲的）贪者在之前是不会存在的，所以贪欲也不会存在。假使不具贪欲的贪者存在，则有阿罗汉也是贪者的过失。

若无有染者，云何当有染？

假如是第二种情况，即贪者在之前并不存在，那么，贪欲又怎么会成立呢？所依不存在的缘故。就像水果不存在，则水果的成熟也不会存在一样。

染者复染着，有无次第同。

（原译：若有若无染，染者亦如是。）

我们还可以观察：如果贪者的自性存在，而贪欲在之前存在或者不存在的说法。

如果贪者还要贪著的话，那么不论贪欲在之前是否存在，进行观察都不合理。具体观察的次第，与前面相同，即以“若离于染者，先自有染法。因是染欲者，应生于染法。若无有染法，云何有染者”的方式进行遮破。

庚二（破同时而生）分二：一、以无观待之过而破；二、破斥结合而成。

辛一、以无观待之过而破：

染者及染法，俱成则不然。
染者染法俱，则无有相待。

如果对方说道：既然贪者与贪欲不应该以前后的形式存在，那么它们就应当处于同一时间。也就是说，由心与同时生起的贪欲而使心成为了贪者，所以，其二者是存在的。

但是，贪欲与贪者是不应该同时生起的。因为，如果这样的话，则贪欲与贪者一方与另一方相互之间，就不存在观待的关系，如同牦牛的左右角一样。

辛二（破斥结合而成）分二：一、遮破一异；二、别破异体。

壬一、遮破一异：

染者染法一，一法云何合？
染者染法异，异法云何合？

如果其二者为一体，则不可能结合。因为贪欲的性质与贪者本身是不可能结合的，就如同牦牛的自性与其自身不能结合一样。

如果其二者为异体，又怎么能结合呢？因为异体的违品处于同时，如同光明与黑暗，轮回与涅槃一样。所以，让以自性成立的异体相结合，完全是天方夜谭！

若一有合者，离伴应有合。

若异有合者，离伴亦应合。

如果承许其自性为一体而相结合，则任何一者存在，因为其二者是相结合而存在，所以在相伴的其他法不存在的情况下，则有可以相结合的过失。

如果承许其自性为异体而相结合，则如同东山的马与西山的牦牛一样，在离开相互伴侣的情况下，也有可以相结合的过失。

壬二（别破异体）分二：一、宣说合不成立；二、互相依存之过。

癸一、宣说合不成立：

若异而有合，染染者何事？

是二相先异，然后说合相。

如果仍然认为：虽然自性为一体而相结合不合理，但以异体而相结合应该成立。就像我们现量可见成立异体的马与牦牛可以结合一样。

照此说来，岂不成了贪欲与贪者互不观待，却能以异体而成立吗？这简直是无稽之谈！因此，其二者为异体的结合又岂能成立呢？

关于“其相结合则无有二者”“异体的二者不能结合”的推导要点，是与此推理相同的。

若染及染者，先各成异相。
既已成异相，云何而言合？

如果贪欲与贪者互不观待，而成立为异体的自性。既然已经成立为异体，又怎么需要相互结合呢？你们不是也需要从意义上建立“以这个贪执而耽著此境的耽执者”吗？如果其二者互不观待的异体已经成立，即一者不需要另一者，那么又怎么能互相结合呢？

癸二、互相依存之过：

异相无有成，是故汝欲合。
为使合相成，复说异相乎？

（原译：异相无有成，是故汝欲合。合相竟无成，而复说异相。）

如果其二者并未成立为异体，可对方为了使其能够成立的缘故，而承许其二者是相结合的；又因为其二者并未成立为非异体，为了证实相结合能够成立，难道对方又要忙不迭地承许异体吗？如果这样承许，异体与结合就会成立互相依存的关系了。

异相不成故，合相则不成。

于何异相中，而欲说合相？

但是，因为异体的相并不成立，所以，所谓“结合”的相也不可能成立。那么，又以并不存在的哪种可以明示的所谓“异相”，可以使承许合相成立的理论站稳脚跟呢？

同样，与结合相观待的异体也不可能成立，我们可以采用“合相不成故，异相则不成。于何合相中，而欲说异相”的推导，只需将词句进行替换，便可恍然大悟。

总而言之，无论在任何时候，只要是互相依存的法，即只有甲者成立，乙者才能成立的双方，以本性不可成立的结论，已经昭然若揭。

庚三、摄义：

如是染染者，非合不合成。

由以上推断可以证明，贪欲与贪者无论是在互相结合的情况下，还是在互不结合而存在先后的情况下，都不可能成立。

己二、以此理亦可遮破他法：

诸法亦如是，非合不合成。

就像贪欲与贪者一样，一切烦恼诸法，无论是在互相结合的情况下，还是在互不结合而存在先后的情况下，都不能成立。

我们可以用“若离于嗔法，先自有嗔者”等途径进行类推。同理，对于愚痴等也只需改变词句便可。

因此，世尊也曾谆谆地教导后人："贪欲之念、所贪之境与贪者；嗔恨之念、所嗔之境与嗔者；愚痴之念、所痴之境与痴者，此等诸法实则无迹可观，亦了不可得也。"

《中观根本慧论》之第六观染染者品释终

七、观三相品[1]

丁七（观三相品）分二：一、经部关联；二、品关联。

戊一、经部关联：

经云“有为及无为法，黑法与白法，无论何时以智慧均可令其崩塌，微尘许亦不可得。尔时……”等揭示了有为无为法不存在的真理。

戊二、品关联：

如果对方认为：有为法是存在的，因为已经宣说了其生、住、灭三种法相。

为了证明有为无为法不存在，而宣说本品。

此品分三：一、遮破有为法；二、遮破无为法；三、遮止与圣教相违。

己一（遮破有为法）分二：一、广说；二、摄义。

庚一（广说）分二：一、总破；二、别破。

辛一（总破）分三：一、观察有为无为法而破；二、观察分散与聚集而破；三、观察有无其他法相而破。

壬一、观察有为无为法而破：

---

1 本品藏文原意为观生住灭品，因本意相同，为尊重鸠摩罗什原译，未作改动。

若生是有为，则应有三相。

若生是无为，何名有为相？

如果有人认为：作为蕴界处的有为法，其自性是存在的，因为有为法的法相生（住灭）等是存在的。另外，佛陀也云："诸比丘，此等三法，即为有为法之法相。有为法具生，具灭，亦具自住而往他法之变易。"如果有为法不存在，则应当像兔角一样，也不存在生法等等。（既然生住灭等法存在，那么有为法也应该存在。）

我们可以反问：作为法相的"生"，究竟是有为法，还是无为法呢？

如果所谓的"生"是有为法，它也应当具备生住灭三种法相。因为，如果是有为法，则表明其自身的三种法相必须存在。只有这样，它［生］才能成立为事相。

如果认为"生"是无为法，它又怎么可能是有为法的法相呢？绝不可能！如同虚空（不能作为有为法的法相）一样。

利用以上的道理，则对住法等等也可以触类旁通了。

壬二、观察分散与聚集而破：

三相若分散，不能有所相。

云何于一处，一时聚三相？

（原译：三相若聚散，不能有所相。云何于一处，一时有三相？）

如果生法等等是有为法的法相，那么生法等等是分别各自而成立为法相，还是以（三者的）总集而成立为法相呢？但无论是二者中的何种情况，都毫无立足之地。

首先，如果以生法等三者分别各自的法相，是不能成立为有为法法相的。因为虽然其中的一者存在，然而却不具备其他两种法，所以，要么不具备住与灭，要么不具备生与灭等等。

其次，（如果是以生法等三者的聚集，而成立为有为法的法相，）也即彼等三者在同一刹那时间内聚集于一处。但是，（彼等三者却）如同光明与黑暗一样是相违的法，这种观点又怎么能合理呢？万无此理！

壬三（观察有无其他法相而破）分二：一、以太过而破；二、以对离过之答复而破。

癸一、以太过而破：

若谓生住灭，更有有为相。
是即为无穷，无即非有为。

如果对方认为：承认“若生是有为，则应有三相”的说法，又怎么会不应理呢？

（如果这样承认，）则有为法的法相——生、住、灭，又应存在表明其为有为法法相的其他生法等等。如果（后面的）这些法相存在，则这些存在的法相又需要其他（的法相来表明），就会因此而导致无穷的过失。如此这般，最终连根本的法相也毫无立锥之地了。

如果生法等不存在其他法相，则彼等已经远离了有为法的法相，就有成为不是有为法的过失。

癸二（以对离过之答复而破）分二：一、以对离过之答复之一而破；二、以对离过之答复之二而破。

子一、以对离过之答复之一而破：

生生之所生，生于彼本生。
本生之所生，还生于生生。

正量部的论师等人并没有偃旗息鼓，又振振有词地争辩道：如果有一种善法或者烦恼法产生，则有十五个法也因此而诞生。包括事相法本身，其五种法相——生、有、住、老、无常。如果此法为烦恼法，则加上烦恼法本身，以及与其相应的邪解脱一共七法；同样，如果此法为善法，则加上善法本身，以及与其相应的正解脱一共七法；如果此法为出离法，则加上出离法的本身，以及与其相应的出离一共七法；如果此法为非出离法，则加上非出离法本身，以及与其相应的非出离一共七法。

彼等各法[1]即为有为法事相的从属之法，而生生等七法则为从属之从属法，一共有十五种主从法[2]。而生等法相与随相互相成立的缘故，所以，在

1 指前面所说的各种七法。
2 关于十五种法的内容，不同注释的说法略有不同。安慧菩萨所造的《大乘中观释论》中云："若差别分别者有十五法。所谓一生；二住；三灭；四若是白法，即正解脱生；五若是黑法，即邪解脱生；六若非出离法，即非出离法生；七若是出离法，即出离法生；八生生；九住住；十灭灭；十一正解脱眷属；十二邪解脱眷属；十三非出离法眷属；十四出离法眷属。除本生自体成十四法，若并本生法总成十五。生生及本生二法为始意。

有为法事相本身，加上生等七法相，以及生生等七随相共计十五种法中，以生生法仅能使本生法产生，而以本生法就能产生生生等除了其[本生]自

（续上页注）印顺法师的《中观论颂讲记》中云："能生有为法的生，是怎样生起的？有说：由另一个生生的，这叫他生派，或展转生派，是犊子系与说一切有者的见解。有说：生是自生的，不需要其它的生法生，这叫自生派，或不展转生派，这是大众系的见解。现在，先破他生派。这一颂，是有部他们，为了避免上来的无穷过，而作展转生的建立。他们说：另有一法能生这生的，叫生生，如另有能得这得的，叫得得。某一法的生起，有生能使他生起。这生，另有能生他的「生生」；这生生的「生」起，能「生于」那个「本生」。本生，指能生某一法的。本生从生生而生，这生生是不是也还要另一个生生，去生这生生？不要！由为本生生起的时候，除了他自己以外，有能生其它一切法的力量，所以「本生」的「生」起，「还」可以「生于生生」。这样，本生是有为，是由生生所生的；生生也是有为，是由本生所生的。所以主张生、住、灭外另有有为相，却不犯无穷的过失。有部、犊子系都这样说。有部建立三相，说一切法现起时，有七法共生；一是法、二本生、三本住、四本灭、五生生、六住住、七灭灭。根本的生、住、灭，作用特别大；生，生起时，能使其余的六法也都生起；住，住时，能使其余的六法也住；灭，灭时，也能使其余的六法灭。但生生只能生本生，住住专能住本住，灭灭唯能灭本灭。法，根本是被动的，不能叫余法生灭。假定说生、住、异、灭，那就一法起时，有九法共生了。法、生、住、异、灭、生生、住住、异异、灭灭，是为九法。根本生又名大生，生生又名小生，小生生大生，大生生小生，就是这个道理。正量部除了这些法，还有其余的法，所以说一共有十五法共生。西藏的无畏论说，本论的破他生，是破正量部；但十二门论与青目释，都是指一切有部的。总之，凡是主张三世实有的，主张展转生的，都为此中所破。"

僧成大师所释的《中观根本慧论文句释·宝鬘论》中云："若善法或烦恼法随一生起时，与本法共有十五法生起。1. 即彼法；2. 彼法的生；3. 成就；4. 住；5. 老；6. 无常；7. 若是烦恼法即有邪解脱；8. 若是善法即有正解脱，若是出离法即有彼法之出离法，若是非出离法即有彼法之非出离法，此中以彼善法或烦恼法为主体，彼法之生乃至非出离即是眷属，烦恼法共有八法，善法亦然。1. 彼法之生的生；2. 成就的成就；3. 住的住；4. 老的老；5. 无常的无常；6. 若是烦恼法即有邪解脱的邪解脱；7. 若是非出离法即有非出离的非出离，此是眷属的眷属。彼十五法。"

清辩论师所著之《般若灯论释》云："复次犊子部言。起是有为而非无穷。云何知耶。由此自体和合有十五法。总共起故何等十五。一此法体。二谓彼起。三住异。四灭相。五若是白法则有正解脱起。六若是黑法则有邪解脱起。七若是出离法则出离体起。八若非出离法则有非出离体起。此前七种是法体眷属。七眷属中皆有一随眷属。谓有起起乃至非出离。非出离体此是眷属。眷属法如是。法体和合总有十五法。起。彼根本起。除其自体能起作十四法。起起。能起。彼根本起。住等亦然。以是义故无无穷过。"

身以外的其他十四法。有法、住法等等也可以此类推。所以，没有再需第二轮法相成立的过失，也就不会有无穷的过失了。

若谓是生生，能生于本生。

生生从本生，何能生本生？

如果按照你们所说，即以所谓“生生”的生，而使本生产生。然而，你们本来的本生，在之前并没有产生。那么，此生生又怎能产生本生呢？毫无道理！连（生生）自己都没有产生的缘故。

总之，无论依靠何等因，产生何等果。如果其因已经成立，则其果可以成立。如果因法的本性都成为了无因者，也即不存在，那么既然连因法都不存在，则其果也必然不存在。若建立互相观待的理论，其能立并不能成立。所以，如果对其二者以自性成立的立论进行观察，则并不存在。因为，乃至生生尚未产生之前，本生始终都不可能成立。如果作为因的生生已经产生，若要再次产生也不合理。

若谓是本生，能生于生生。

本生从彼生，何能生生生？

如果你们认为：正是由本生产生的生生，而使本生产生的。

然而，在生生之前尚未产生的本生，又怎么能使生生产生呢？绝不可能！因为其自身都尚未产生。

若彼尚未生，而能生彼法，

汝言正生时，彼生可成立。

（原译：若生生生时，能生于本生。生生尚未有，何能生本生？若本生生时，能生于生生。本生尚未有，何能生生生？）

如果你们又认为：虽然二者一前一后的互生不能成立，但是，在二者正生之时，应该可以互生。

若按你们所承许，即以尚未产生而正在产生为前提，就能使自果产生。但你们所承许的以正在产生为前提，而使（自果的）产生能够成立的观点，也是经不起推敲的。

所谓“正在产生”，是属于未来的法。而任何已经产生的法，是没有丝毫必要再次产生的，因为产生的行为已经圆满。所以，“正在产生”就绝对不是已经产生的法（，而是未来的法）。

未来的法在现在并不存在，由其所产生的果也必定不会存在。如同明年的收成不能解决现在的饥饿一样。以此理也可类推住法等。

子二（以对离过之答复之二而破）分二：一、对离过之答复；二、遮破。

丑一、对离过之答复：

如灯能自照，亦能照于彼。
生法亦如是，自生亦生彼。

如果对方又认为：生、住、灭法并不需要其他有为法的法相——生、住、灭，所以就没有无穷或者成为有为法的过失。如同灯火的自性是光明，

所以就能在照亮自己的同时，也照亮瓶子等等的其他诸法。同样，生法的自性就是生，所以也就能（同时）生起自身与他法。

丑二（遮破）分二：一、比喻不成；二、其义非理。

寅一（比喻不成）分二：一、能遍不可得；二、极为过分。

卯一、能遍不可得：

灯中自无暗，住处亦无暗。

破暗乃名照，无暗则无照。

灯火自身，以及灯火所在的、以其光明可以遍及的处所，是没有些微黑暗的。灯火又如何能照亮呢？只有驱除了黑暗，才能安立为照亮。

此灯正生时，不能及于暗。

云何灯生时，而能破于暗？

（原译：云何灯生时，而能破于暗？此灯初生时，不能及于暗。）

如果对方又认为：虽然通过观察，灯火驱除黑暗的论点不合理。但必须以灯火能够驱除黑暗，如果不能驱除黑暗，则如同瓶子等等一般，即使存在灯火，也不能驱除黑暗，但这是不可能的。所以，在灯火产生的同时，应该是可以驱除黑暗的。

但是，只要此二者中的其中之一存在，则另一者就并不存在。如同岛屿的幽暗与太阳的光芒，或昨日的冥黑与今宵的灯盏一般。

在灯火产生的同时，根本无法触及黑暗。因为，在灯火尚未产生的时候，虽然存在黑暗，一旦（灯火）产生之后，黑暗就已经不复存在。而在黑暗存在的时候，灯火却无踪无影。（二者根本无法相遇，）又怎么可能在灯火产生的同时驱除黑暗呢？绝不可能！

灯若未及暗，而能破暗者。
灯在于此间，则破一切暗。

如果灯火不触及黑暗也能驱除黑暗，则有包括岛屿等一切世间界的所有黑暗，仅用一盏灯就可以彻底驱散的过失。

如果对方又认为：如同智慧无需触及无明，也能将其遣除；眼根无需触及色法，也能了了在目；磁铁无需触及适当范围内的铁物，也能将其吸附一般。所以，虽然不能触及，但一样可以驱除黑暗。

但这些能立与其所立已经完全等同，所以还是无法成立。

卯二、极为过分：

若灯能自照，亦能照于彼。
暗亦应自暗，亦能暗于彼。

如果按照你们所说：因为灯火具有照亮的功能，所以可以照亮自身与他法。那么，黑暗也毫无疑问地应当能够遮蔽黑暗自身，以及瓶子等其他物品，因为黑暗具备遮蔽能力。如果承许这点，则黑暗也就不存在了。

寅二（其义非理）分二：一、从因方而破；二、从果方而破。

卯一（从因方而破）分二：一、自生非理；二、他生非理。

辰一、自生非理：

此生若未生，云何能自生？
若生已自生，生已何用生？

如果生法是由其自身产生的，我们就可以观察“尚未产生的生法（产生自身）”，或者“已经产生的生法产生（自身）”的两种说法。

首先，如果生法自身尚未产生，又怎么能使自己本身产生呢？如同空中鲜花的自生一样。

其次，如果对方提出：是由已经产生的（生法）自己产生自身的。

既然自己已经产生，又怎么需要生呢？纯粹是多此一举！

辰二（他生非理）分二：一、观察三时；二、观察生有否他生。

巳一（观察三时）分二：一、总破生；二、别破生时生。

午一、总破生：

生非生已生，亦非未生生，
生时亦不生。去来中已答。

如果（承许）生法能产生他法的话，那么无论是已经产生、尚未产生，或者正在产生的任何一种法都无法产生。其理由，可用已经阐释过的观察已去、未去与去时的方式，即用“已生无有生，未生亦无生”等来加以破斥。

午二、别破生时生：

若谓生时生，是事已不成。

云何依生法，尔时而得生？

（原译：若谓生时生，是事已不成。云何众缘合，尔时而得生？）

如果对方又表白道：已生之法与未生之法二者的确不能生，只有正在产生之法可以产生。

如果所谓“正在产生”能够成立的话，也可以产生。然而，“正在产生”并不能成立。因为，如果所谓的“生法”能够存在的话，则“正在产生”能够成立。但是，在经过观察，并了知生法自性根本不存在的情况下，又怎么能妄下断语，说依靠生法而安立的“正在产生成立”呢？岂有此理！

若法众缘生，即是寂灭性。

是故生生时，是二俱寂灭。

如果对方又辩驳道：佛陀不是也以“此有故彼生”来宣说缘起的吗？你们这样肆无忌惮地将所有的生法全盘遮破，岂不是将缘起法也一并遮破了？

这种结论不但没有遮破缘起法，反而更进一步地昭示了缘起的深奥含义。

如果生法等等的自性成立，则缘起之法也于理不容。正是因为依缘而生，才使寂灭性的道理更具说服力。

换言之，无论任何一法，只要是依缘起而生，则其以自性生不存在或者不成立的本性即为寂灭性。因此，无论正在产生以及产生，都是无有自性、寂灭戏论的。由此可以得出，如果自性成立，则缘起之法就无法立足。

若有未生法，说言有生者。
可生之彼法，不成岂可生？

（原译：若有未生法，说言有生者。此法先已有，更复何用生？）

如果对方又认为：正在产生应该是存在的，因为未来的瓶子会产生的缘故，所以生也就可以成立。

这种观点也是无法成立的。倘若某种“未生之法”在何处，或者未来时等任何情况下存在，那么生也就可以成立。但是，像这样的能使生法安立应理之法，无论在何时何地都不存在。既然如此，又怎么能生呢？生法的趋入之境都不存在的缘故。

在其他三种注疏中，译为：“此法先已有，更复何用生？”[1]即以另一种形式，宣讲了如果现在已经存在，就不必再生的道理。此处是按照后译的偈颂进行阐释的。

巳二、观察生有否他生：

若言生时生，是能有所生。
何得更有生，而能生是生？

如果对方认为：是以具有产生能力的他法，而使正生的法产生的。

1 与鸠摩罗什原译相同。

那么请问：这个具有产生能力的他法自身正在产生的时候，又是以什么法而产生的呢?

若谓更有生，生生则无穷。

离生生有生，法皆自能生。

如果能有其他生法，而使其产生的话，则此生法的生又需要其他的生法，这样就有无穷的过失。如同吃饭需要烹调，而烹调又需要生火，生火又需要火镰……这样一来，对因法的需求始终都无边无际，吃饭的时候也就遥遥无期了。

反之，如果生法离开其他生法，也能够产生的话，则一切万法都可以如此，即离开其他生法，也能够产生，其道理相同。

卯二、从果方而破：

有法不应生，无亦不应生，

有无亦不生，此义先已说。

倘若果法已经存在还要生，生法则不合理；倘若果法不存在，生法也不合理；在果法存在与不存在两者兼备的情况下，生法更不合理。

关于这一点，前面［第一品］通过“果先于缘中，有无俱不可，先无为谁缘，先有何用缘”的方式已经进行过论述。

辛二（别破）分三：一、破生；二、破住；三、破灭。

壬一、破生：

若诸法灭时，是时不应生。

法若不灭者，终无有是事。

现在正在毁灭的法，则不应该存在生法，因为与生法相违的灭法存在。不是正在毁灭的法，则不可能存在，所以也不存在生法。

壬二（破住）分三：一、观察三业；二、观察已灭未灭；三、以前述相同之理而破。

癸一、观察三业：

不住法不住，住法亦不住，

住时亦不住，无生云何住？

如果是住法住的话，则住法不能住，因为只有一个住者，而不存在两个住法，此理与破斥“去者去”相同。

如果不是住法，也不可能有住，因为住法不存在。

正在住的法也不能住，因为在已住未住二者之外，根本不存在（正在住）的情况。

另外，未生的法又怎么可能住呢？因为该法根本不存在，所以与住法相违。

癸二、观察已灭未灭：

若诸法灭时，是则不应住；

法若不灭者，终无有是事。

如果是正在毁灭的法，因为（毁灭）与住法相违，所以住法的存在是不合理的。

而不是正在毁灭的法，是不应该存在的。在这样的所谓法中，诸法的法相——住法究竟何在呢？它根本就不存在。

所有一切法，皆是老死相。

终不见有法，离老死有住。

因此，所有的一切万法，在任何时刻都与老、死的自性息息相连。如果离开老、死，与此二者相违的住法是根本无法存在的。

癸三、以前述相同之理而破：

住不自相住，亦不异相住。

如生不自生，亦不异相生。

住法以其他住法之相而住，与以自相而住两种情况都是不合理的。正如前面所陈述的道理一样，生法以自相或者他相而生都不合理，否则即有无穷的过失，或者因为自身对自身起作用是违背逻辑的。此处可以此类推，即以“此住若未住，云何能自住”或者“若谓更有住，住住则无穷”的方式来遮破。

壬三（破灭）分二：一、宣说能损之理；二、遮止自宗相同之过。

癸一（宣说能损之理）分五：一、观察所作；二、观察所依；三、观察因；四、观察法之有无；五、以前述之理类推。

子一、观察所作：

法已灭不灭，未灭亦不灭，

灭时亦不灭，无生何有灭？

如果从三时加以观察：首先，已经毁灭的法不可能毁灭，因为已经毁灭。

其次，尚未毁灭的法也不可能毁灭，因为灭法尚未产生。

再次，正在毁灭的法也不可能毁灭，因为在已灭未灭之外，根本不存在其他（正在毁灭的）情况。

还有，未生的法又怎么可能灭呢？连此法本身都不存在。

子二、观察所依：

若法有住者，是则不应灭；

法若不住者，是亦不应灭。

如果是住法，则不应该毁灭，因为住法与灭法二者相违。

如果不是住法，也不应该毁灭，因为住法不存在或者所灭的法不存在。

是法于是时，不于是时灭；

是法于异时，不于异时灭。

如果对方承许：在因毁灭以后，可以产生果法。

但是，在作为因的乳汁之时，并不能使作为因的乳汁毁灭，因为自身对自身起作用与理相违。

而在果法酸奶之时，也不能使其他作为因的乳汁毁灭，因为（因果）二者并未互相接触。

子三、观察因：

如一切诸法，生相不可得。

以无生相故，即亦无灭相。

如果对方承许：既然现见果法酸奶产生，那么，作为因法——乳汁的毁灭又怎么能不存在呢？

正如前面观察诸法，得出其生并不合理的结论一样，那么，此时此刻需要生的存在方可安立的诸法之灭，也因为生不存在，所以作为灭的存在也不合理。

子四、观察法之有无：

若法是有者，是即无有灭。

不应于一法，而有有无相。

如果某法存在，则该法的毁灭就不成立。其理由是：如果此二者处于同一之法，即同时存在有相与毁灭的无相二者，是不可能的。按照前译，此颂为“有相与无相，于一法非理”。

若法是无者，是则无有灭。

譬如第二头，无故不可断。

如果某法不存在，则该法的毁灭就更不应理。因为灭法的所依都不存在。如同一个头的补特伽罗本来就不具有两个头，则其（第二个头）的折断也就无从谈起。因为第二个头从来就不存在。

子五、以前述之理类推：

法不自相灭，他相亦不灭。
如自相不生，他相亦不生。

灭法自身使自身毁灭是不可能的，而于其之外的其他灭法使其毁灭也是不可能的。若问其理由，则如生法自身以及他法不能使其产生的推论一样，只需言辞稍加变更，便水落石出。此颂也可译为："自灭及他灭，灭法不可成。"

癸二、遮止自宗相同之过[1]：

庚二、摄义：

生住灭不成，故无有有为。

一言以蔽之，通过前面无懈可击的推理，可以诠释出：因为有为法的法相——生、住、灭，都无法合理成立，所以，作为有为法的色法等等也就无有自性的道理。

己二、遮破无为法：

有为法无故，何得有无为？

如果对方还是固步自封地认为：有为法就是存在的，因为与其相对立

1 此科判的藏文内容空缺。

的无为法存在。

但是，如果以我们所宣讲的道理进行抉择，就可毫不犹豫地得出结论：有为法根本就不可成立。既然如此，那么遮止了有为法的无为法又岂能成立呢？根本无法成立！

己三、遮止与圣教相违：

如幻亦如梦，如乾闼婆城。
所说生住灭，其相亦如是。

如果对方又认为：佛陀不是也说："诸比丘，有为法有生、有灭，亦有自住法往他法之转变。"你们的立论，岂不是在与佛陀唱反调吗？

佛陀的这种说法并非了义之说。只是以自性无生，如梦、如幻、如……的世间，却显现生、住、灭相的密意为出发点，而做如此权巧之说：有为法及无为法不存在，所谓的存在只不过如梦、如幻、如乾闼婆城一般。同样，诸法之生是如此，住是如此，灭也是如此。

《中观根本慧论》之第七观三相品释终

八、观作作者品

丁八（观作作者品）分二：一、经部关联；二、品关联。

戊一、经部关联：

《般若经》云“作者不可得，其作业亦不可得”等，宣说了无有作者与作业的道理。

戊二、品关联：

如果对方认为：有为法的自性是存在的。因为它的因——作业及作者存在。另外，佛陀所说的“无明以及与其相随之士夫补特伽罗，行持应行之福德”等也诠释了这一点。

为了证明其不存在，而宣说本品。

此品分三：一、胜义中破作业及作者；二、名言中仅可安立；三、以此理类推。

己一（胜义中破作业及作者）分二：一、遮遣同品能作所作；二、遮遣违品能作所作。

庚一、遮遣同品能作所作：

决定有作者，不作决定业；

决定无作者，不作无定业。

如果对方认为：倘若某补特伽罗作者作了打算作或者所作的某种作业，则作者与作业的自性成立。

（我们可以就此反问：）这个所作的业，是由作者、非作者或者二者兼备的第三者中的谁做的呢？业也是同样，我们可以观察所作的业，究竟是已经决定成立的业、（不定业、还是两者兼具的业）等三种情况中的哪一种呢？

如果作者成立的话，则其作业的行为就不会存在，因为作者已经成立，而再次使其（作业的行为）成立的第二种行为并不存在。而且，所作的此业并不是作者的业，则应成不存在作者的业成立，这样，也就是有石女的儿子所作的瓶子存在的过失。

因此，只有具备行为，才能使作者安立，也只有具备行为，才能使业安立。如果此二者能够独立存在的话，则有作者不具备作业，以及无有作业反为作者的过失。

在具备此业的行为，而使作者决定成立的前提下，则由其去作已经决定成立的业，或者具备行为的业，其自性是不可能成立的。

同理，在因不具备行为，而成为非作者的情况下，也不能作不具备行为的业或者不决定业。

以上为立宗，下面阐述原因或理由：

定作者无作，无作者成业；

有业而无作，无业有作者。

（原译：决定业无作，是业无作者；定作者无作，作者亦无业。）

如果作者已经成立，则其作业的行为就不会存在，因为作者已经成立，而再次使其（作业的行为）成立的第二种行为并不存在；如果所作的此业不是作者的业，这样一来，则有不存在作者的业可以成立的过失。

同理，如果业已经成立，则其作者的行为就不会存在，因为业已经成立，即业本身体性的行为已经具备或者成立，而再次作的第二种行为并不存在，那么，又有谁来表明这个业呢？谁也无能为力。因此，所谓“该业的作者”，在任何时候都不可能又去作以自性而成立的该业。

同样，如果妄想成立不具备业的作者，也是绝对行不通的。因为其能立并不存在。

总之，能够成立的作者与业两者相互之间，必须相观待而安立。若不相观待而存在此二者，就会导致没有业的作者，与没有作者的业之过失。这样作者既不成其为作者，业也不成其为业了。

若不定作者，作不定之业，

作业堕无因，作者亦无因。

（原译：若定有作者，亦定有作业。作者及作业，即堕于无因。）

如果由不是决定的作者，而去作不定的作业。因为作者没有决定，则使业被称为“业”的因也就不存在。

如果所作的是不定的业，则使作者被称为“作者”的因也不存在。

若堕于无因，则无因无果，

无作无作者，无所用作法。

如果业与作者两者都堕于无因，则以共同因所生的果法——瓶子之类，以及能使果法生起的因——轮盘等等也都无法成立，其道理相同。

如果没有因果，则所作的瓶子、作者陶师、所用作的陶泥也就不应该有能立了。

若无作等法，则无有罪福。

罪福等无故，罪福报亦无。

如果作等三者不合理，则能遍[1]不存在，那么，应取的善法[福]以及应断的非法[罪]之业也就不存在。如果善法与非法不存在，则由此业所产生的果报——快乐与痛苦也就不存在。

若无罪福报，亦无大涅槃。

诸可有所作，皆空无有果。

如果（善法与非法）的果报不存在，则相属于果报的所谓“涅槃、善趣之道”也不应该存在。

因果不存在，则世间界的耕耘稼穑等行为也就成了无意义的劳作，这显然是信口开河。所以，千万不要信口雌黄地鼓吹“不定的作者作不定业”的主张。

---

1 能遍：即外延。概括众多部分概念的总体。如瓶是概括金瓶、陶瓶等一切瓶类的能遍，也即金瓶、陶瓶的总概念。又如“常”，是“非所作性”之能遍，“无常”，是“所作性”之能遍。

作者定不定，不能作二业。

有无相违故，一处则无二。

如果对方又认为：是由决定作者与非决定作者两者兼备的作者，去作定业与不定业两者兼具的业。

这种说法也是不堪一击的。是非[有无]二者，在一名作者与一个业上面，如同光明与黑暗一般是相违的，又怎么可能存在呢？绝不存在！

庚二（遮遣违品能作所作）分三：一、遮遣分别作者作分别业；二、遮遣分别作者作分别与二者兼具业；三、遮遣二者兼备作者作分别业。

辛一、遮遣分别作者作分别业：

有不能作无，无不能作有。

若有作作者，其过如先说。

自宗于此首先立宗：“决定的作者[有]不能作不定业[无]，而非决定的作者[无]也不能作定业[有]。”

有关此理，可用前面所发的太过类推。即对于定作者、不定业、非作者、定业四者，依次用前面已经论述过的理由“定作者无作，无作者成业”“作不定之业，作业堕无因”“若不定作者……作者亦无因”“定作者无作……无业有作者”加以破斥。

辛二、遮遣分别作者作分别与二者兼具业：

决定之作者，不作不定业，
及定不定业，其过先已说。

（原译：作者不作定，亦不作不定，及定不定业，其过先已说。）

自宗再次立宗：“具备决定行为的作者不能作不定业，以及定业与不定业二者兼备的业。”

其理由，可用前面所阐述的原因依次各个击破。即采取“定作者无作，无作者成业”“作不定之业，作业堕无因”“有无相违故，一处则无二”的方式，可令对方哑口无言。

若作者不定，不作决定业，
及定不定业，其过先已说。

（该颂词在原译中缺漏。）

自宗意犹未尽，又一次立宗道：“非决定的作者，也不能作具备此行为的决定业，以及定业与不定业二者兼备的业。”

其原由，可按照前面的陈述方式，有顺序地使其昭示于众。即用“若不定作者……作者亦无因”“定作者无作，无作者成业”“有无相违故，一处则无二”等方式（，就可使妄想提出异议的反方无言以对）。

辛三、遮遣二者兼备作者作分别业：

作者定不定，亦定亦不定，

不能作于业，其过先已说。

自宗乘胜追击，再一次立宗道："相互违背的决定与非决定两者兼具的作者，更不能作分别的决定以及不定业。"

我们只需有条不紊地依照前面的表述进行推理，便能心知肚明。即全部采用"有无相违故，一处则无二""定作者无作，无作者成业""作不定之业，作业堕无因"等两句偈颂的推导方式阐述其道理。

己二、名言中仅可安立：

因业有作者，因作者有业，
成业义如是，更无有余事。

如果对方并没有心服口折，仍然强词夺理道：你们这样将因果、作者与作业的安立，一概加以否认，纯粹是不折不扣地毁谤这些（名言）。

我们的立宗，是想阐明言事实师们所理解的业果、先前存在随后毁灭的作者与业等等是不合理的。按照言无自性师［中观论师］所建立的，作者与业只不过是相互观待而安立的学说，是合理至极、无法颠覆的。并且，为了表明"不但没有毁谤名言中的事实，而且可以让业果与能作所作等能够合情合理地建立"。（中观论师又进一步论述道：）

因为依靠业，而使所谓的"作者"成立，也因为依靠作者，才能使所谓的"业"成立。除了这样仅仅互相观待而成立之外，在任何条件下，都不存在自身本体成立的理由。

己三、以此理类推：

如破作作者，受受者亦尔。

及一切诸法，亦应如是破。

由此我们也可以了知受的推理：受者我与所受的五蕴二者，也是互相观待而成立的，其自性根本不成立。其理由，与前面所表述的业与作者的推理毫无二致。

不仅如此，以抉择作者与业的结论，也可以使我们对剩余的诸法：所生与能生、所去与能去、所见与能见、支分与有支、量与所量等，也是互相观待而成立的，其自性根本不成立的道理了了于心。

《中观根本慧论》之第八观作作者品释终

九、观本住品

丁九（观本住品）分二：一、经部关联；二、品关联。

戊一、经部关联：

经云“诸行以我与我所空”“若无众生，则寿命不可得。诸法如泡、如芭蕉、如幻、如虚空之电、如水月亦如阳焰”等，宣说了无有本住的道理。

戊二、品关联：

《多给巴瓦》[1]中云：“正量部、犊子部、贤道部、郁多罗部［无上部］、法藏部五大派别的论师们宣称：补特伽罗是实有的。”

为了证明其不存在，而宣说本品。

此品分二：一、陈述他宗；二、破其立宗。

己一、陈述他宗：

眼耳等诸根，苦乐等诸法，

谁有如是事，是则名本住。

部分正量部的论师们说道：摄集眼、耳、舌、身等五根，加上包括五境在内的色蕴、触、受、作意等心所[2]［苦乐］，以及其他诸蕴等在内的某种具备主宰能力的领受者，在所领受的见法等存在之前，这种领受者［本住］已经存在。

---

1 《多给巴瓦》：为清辩论师所著的一本中观论著。

2 心所：自力能见各自对境事物特殊属性之心所生法，如受等五十一心所。

若无有本住，谁有眼等法？
以是故当知，先已有本住。

其理由是：如果像这样的领受者——人我或者补特伽罗不是实有的，那么所领受的见法等又怎么能存在呢？不可能存在。因此，在此等所领受存在之前，诸领受者——人我，即实有本住必定存在。

正如存在天授，才能由其贮积财物等等，如果天授像石女的儿子一样不存在，则（其贮积的）财物等也就无从谈起。如果在见法等存在之前，不存在领受者补特伽罗，那么见法等又由谁来领受呢？无法领受。

己二（破其立宗）分三：一、破领受者我；二、以此理亦可遮破他法；三、以遮遣而摄成立之义。

庚一（破领受者我）分三：一、破领受者于一切所领受前成立；二、破领受者于分别所领受前成立；三、破领受者存在因法。

辛一（破领受者于一切所领受前成立）分二：一、破无立我之因；二、破立我之因不观待。

壬一、破无立我之因：

若离眼等根，及苦乐等法，
先有本住者，以何而可知？

在所取眼、耳等内六处，以及触、受［苦乐］等心所存在之前，又能以什么理由而使作为领受者人我的实有本住，即领受者成立呢？因为领受者成立的因——见法等都根本不存在。

如果承许存在一名享受六境的领受者——人我，在没有外境的时候，又成立所谓的“领受者”，即完全具备见法等的领受者存在，则共同的领受者补特伽罗，局部的领受者见者等就不具备立因，如同没有财物也就不存在拥有财物者一样。所谓“此为彼因”“此为彼果”“此为彼之所领受”“此为彼之领受者”的说法也就无法认定。如果领受者可以另外单独存在，那么何为领受者，何为所领受呢？如果这样承许，则有非领受者也有所领受，非所领受也存在领受者的过失。

壬二、破立我之因不观待：

若离见法等，而有本住者。
亦应离本住，而有所受法。

（原译：若离眼耳等，而有本住者。亦应离本住，而有眼耳等。）

倘若离开所领受的见法等，领受者人我却在之前存在，即本住成立。则无疑成了离开领受者[本住]，所领受的诸法存在，其理由相同。

以法知有人，以人知有法。
离法何有人？离人何有法？

（假设对方承许此结论，）这种立宗也是行不通的。因为，正是以所领受的法表明领受者[人我]或使其成立，也正是以领受者表明所领受的法或使其成立。如果离开所领受的法，其领受者又安在呢？绝不存在！如果离开领受者，其所领受的法又在何处呢？哪里都不存在！

辛二、破领受者于分别所领受前成立：

一切见等前，实无有本住，
见等中他法，异时而分别。

（原译：一切眼等根，实无有本住，眼耳等诸根，异相而分别。）

如果对方又认为：并不是在见法等一切法之前，存在领受者——人我[本住]。

那又是怎样的呢？在见法等等[1]中的见法等之外的闻法等其他某法起作用的其他时候，虽然是见法不存在之时，却能够表明或者安立领受者我。所以不存在我的安立无因的过失。

一切见等前，若无有本住。
一一见等前，云何能知尘？

（原译：若眼等诸根，无有本住者。眼等一一根，云何能知尘？）

既然在包括见法等在内的所有法之前，领受者都不存在。那么，在见法等各法之前，领受者又怎么能存在呢？如同在所有的树存在之前，都不存在森林，而在每一棵树存在之前，森林就更不存在。或者如同所有的沙都不存在油，则每一粒沙也不存在油一样。

如果在各法存在之前都已经存在，那么在所有法存在之前又怎能不存

1 这里的“等等”，是指见、闻、嗅、触等。

在呢？

见者即闻者，闻者即受者，

如是等诸根，则应有本住。

如果见者人我也是听闻者，同时也是受者，则在各个所领受的见法等之前，领受者[本住]自身可以存在。然而，不同行为次第的作者为一体的立论是不合理的。因为（这种立论必须建立在）离开见的听者仍然是见者、离开听的见者仍然是听者的基础之上（，这显然是荒诞之言）。

若见闻各异，受者亦各异。

见时亦应闻，如是则神多。

如果见者与闻者各自相异，闻者与受者也各自相异，彼此不相观待，如同马与牛一样。即在见者存在的时候，闻者等等也存在。这样就有在一个相续中存在众多人我[神]的过失。

辛三、破领受者存在因法：

眼耳等诸根，苦乐等诸法，

所从生诸大，彼大亦无神。

如果对方又提出：在见法等之前，领受者人我的安立不会成为无因。如云："以名色之缘而曰处。"在见闻等法之前，作为色法的四大已经存在，此四大可以作为领受者成立之因。所以，在四大之前，领受者存在。

领受者不可能存在。关于此理，可以依照前面已经论述过的"离法何有人？离人何有法”的方式加以破斥。

因此，领受者与所领受的法是彼此观待而安立的，其二者的体性并不成立。若思维其前前的法，也只不过是分别心增上安立的，为通达其理，故表述如下：

以眼耳等等诸根，以及受[苦乐]等诸法所产生的根源——四大，作为其成因，而产生名色聚集的疱[1]等。但是，四大之前的领受者——人我[神]也是不存在的，所以领受者不存在。

庚二、以此理亦可遮破他法：

若眼耳等根，苦乐等诸法，

无有本住者，见等亦应无。

（原译：若眼耳等根，苦乐等诸法，无有本住者，眼等亦应无。）

倘若用所述的道理进行抉择，能得出眼耳等诸根，以及受[苦乐]等任何法，都不存在作为领受者人我[本住]的结论，则所领受的见等诸法也不可能以自性而存在。

庚三、以遮遣而摄成立之义：

见等无本住，今后亦复无。

以三世无故，无有无分别。

（原译：眼等无本住，今后亦复无。以三世无故，无有无分别。）

1 疱：按梵音译作遏部坛。是《密乘入胎经》所说胎儿住胎第一位。

领受者人我在未见之前、正见之时、已见之后都不存在。

首先，在所领受的（见法）之前，（领受者）存在的说法已经被驳得体无完肤；其次，如果在（已见）之后存在，则需要有没有领受者的所领受在之前存在，这样也会成为无因，其道理相同；再次，在（正见的）同时，（领受者）的本体也是不能存在的，对于这一点，我们可按照前面所宣说的：分别各自的成立不可能一起等推断方式进行破斥。

领受者人我的所谓“有”以及“无”的分别，都是不存在的。正如《显句论》所云：“若汝以为：如此这般，岂非确定无人我耶？何人声称：‘因见法之不存在，故人我亦不存在’之论？汝等岂非以言过之法（遮遣人我之存在）乎？

此虽乃吾等之主张，然汝等尚未通达其真义也。此言乃因对治与‘其本性不具’‘人我亦非真实’之论相左，安立‘人我以实有之自性者而有’之谬论，并遮止于其自性之过分耽著而言，并非为立无实之论。此（有无之立宗）二者皆需抛弃。所言‘于有实之耽执’及‘于无实之耽执’，其自性皆了不可得，如此则何人可分别有无哉？”

《中观根本慧论》之第九观本住品释终

十、观燃可燃品[1]

丁十（观燃可燃品）分二：一、经部关联；二、品关联。

戊一、经部关联：

经云“燧木及燧砧[2]，手作三者聚，此等缘生火，生后速失灭。智者寻其来，以及所去处。然于诸方隅，不得若来去。蕴界以及处，内空外亦空，无住我所空，诸法如虚空”等，宣说了无有燃与可燃的道理。

戊二、品关联：

如果对方认为：领受者人我与所领受的法是存在的，因为它们彼此互相观待，如同火与柴薪一般。

为了证明其不存在，而宣说本品。

此品分三：一、破火与柴薪；二、以此理亦可类推他法；三、呵斥违品之见。

己一（破火与柴薪）分三：一、破他宗之安立；二、破观待而成立；三、摄以破成立之义。

庚一（破他宗之安立）分二：一、以观察破一体成立；二、以观察破异体成立。

1 本品藏文原意为“观火薪品”，因本意相同，故尊重鸠摩罗什原译，此处“火”即为燃者，“薪”（或者“木柴”）即为“可燃”，此处的“木柴”特指正在燃烧的“木柴”。
2 燧木及燧砧：均为取火工具。

辛一、以观察破一体成立：

若燃是可燃，作作者则一。

如果对方认为“领受者与所领受的法，其本体不成立”的说法是不合理的。原因是相互观待的法具备体性，是现量可见的。观待木柴而产生火，火并非不具备自性，因为暖热、燃烧的自性与其结果可得。同样，观待火而产生的即木柴，其自性也是具备的，因为所燃烧的是四大自性。

如果此二者存在，则可如此成立。然而此二者并不存在。如果所燃的木柴与能燃的火本性为一体，则作者与所作的业成为了一体，这样也就成了陶师与其所作的瓶子为一体，这明显是荒谬之谈。

辛二（以观察破异体成立）分三：一、以太过而破；二、破离过之答复；三、宣说其他能损之理。

壬一、以太过而破：

若燃异可燃，离可燃有燃。
如是常应燃，不因可燃生。
则无燃火功，亦名无作火。

如果木柴与火的本性为异体，如同瓶子与氆氇一样，则不观待木柴，火焰仍然能够炽燃。这样就有即使没有木柴，火也能恒时燃烧，以及由可燃的因——木柴，也不能产生火的过失。这样一来，点燃木柴生火等等的功用就成了毫无意义。还有，如果生火等不存在，也就是所燃烧的作业不存在的缘故，火也就成了［亦名］不具备木柴等燃烧［作业］的能燃［火］。

燃不待可燃，则不从缘生。

火若常燃者，人功则应空。

（火）因为不观待木柴等他法，则不能从能燃之缘产生。如果不互相观待，则缘的不具备与消失也就不存在，火也就必须能常时燃烧。这样，就不需要重新点火的举动，（如果此结论成立，）则人们为了保持火焰的常燃不灭等，而收集木柴等功用也就可谓是多此一举了。

壬二、破离过之答复：

若汝谓燃时，名为可燃者。

尔时但有薪，何物燃可燃。

如果对方辩白道：虽然木柴与火为异体，但也并不是说没有木柴却必须产生火。即使此二者为异体，但没有木柴就没有火。不然，又是什么缘故而使火炽燃的呢？它的意义为：火所燃烧的性相者就是木柴，火也必须依赖木柴才能得到。所以，它们并不是各自孤立而存在的。换言之，必须与火相关联才能称之为木柴，火也必须仰仗木柴才能产生，它们具备相互观待的关系。并不是如同瓶子与氆氇之间毫不观待，互为他体。所以也就不会成为过失，其原因是：如果我们这样承许，火必须观待于木柴，因为正在燃烧的才是可燃者（，这样就没有以上过失了）。

在那个时候，正在燃烧的只能被称为木柴，于其之外而为他体的火并不存在，又以什么而使木柴成为可燃呢？谁也无能为力。如果所谓的“正在燃烧”是指木柴舍弃了原有的实体而变成火，则除了火以外没有其他的（木柴）。如果是指木柴并未舍弃原有的实体，而是（以实有异体的方式）住于火中，那么火又如何能使木柴燃烧呢？它们相互之间并没有关联，成了互不观待的他体。如同东方的火与西方的木柴一般。

壬三（宣说其他能损之理）分二：一、正破；二、破离过之答复。

癸一、正破：

若异则不至，不至则不烧，
不烧则不灭，不灭则常住。

因为火与木柴互为异体，所以此二者在任何时候，都如同光明与黑暗一样不能互相接触［至］。如果不能接触，则如同东方的火不能去燃烧西方的木柴一样。如果不能燃烧，则不能因木柴穷尽的功效而使火熄灭。如果火不能熄灭，则其自身就成为恒时燃烧、常住不灭的法了。

癸二、破离过之答复：

燃与可燃异，而能至可燃。
如此至彼人，彼人至此人。

如果对方认为：如同此女人可以接触彼男人，彼男人可以接触此女人一样，虽然在木柴之外火成立为他体，但火仍然是可以与木柴接触的。

若谓燃可燃，二俱相离者。
如是燃则能，至于彼可燃。

如果火与木柴，如同女人与男人一样互不观待，一者可以弃离或者超越另一者，而成立各自的本体。则即使火在木柴之外成立为异体，也能如同男人与女人一样可以与木柴相接触。然而这种前提是不存在的，所以其比喻与意义也是迥然不同的。

庚二（破观待而成立）分二：一、正破观待而立；二、宣说旁破他理。

辛一（正破观待而立）分三：一、破前后之观待；二、破成与不成之观待；三、摄以破成立之义。

壬一、破前后之观待：

若因可燃燃，因燃有可燃，

先定有何法，而有燃可燃？

如果对方认为：如果火与木柴互相具备观待的关系，则它们就应该是存在的。如果它们自身不存在，则观待也是不合理的。如同石女的儿子与女儿不存在互相观待的关系一样。

如果因为观待木柴而使火成立，又因为观待火而使木柴成立，那么请问：究竟是观待所观待的何法，而使观待法火与木柴成立的呢？于此二者当中，究竟是哪一个法首先成立的呢？

若因可燃燃，则燃成复成。

是为可燃中，则为无有燃。

如果承许木柴[可燃]首先成立，然后观待木柴而成立火。然而，既然火都没有成立，那么所观待的法［木柴］也不能成立，观待也就是一派胡言。如果火已经成立，则再次以木柴而使所谓的“火”成立，就会成为根本没有意义。

这样一来，你们所承许的在火之前首先成立的，所焚烧的木柴，就成了不观待火的木柴了。这样，你们所承认的相互观待的关系也就消失了。

总之，如果所观待的法不存在，则观待此法也是不合理的。如同不存在以兔角作为所观待的法一样。反之，如果所观待的法存在，即已经成立，又怎么需要观待另一者而首先成立呢？在（所观待的法）没有诞生之前所承许的法，也在此之前没有所观待的另一者，所以就不能成立。（如果可以成立，）那么又是谁使其成立的呢？其能立并不存在，如同没有父亲的儿子一样。

因此，如果木柴（可以离开火而）首先成立，则其他并没有正在燃烧的，并非木柴的草等等也就成了可燃。

如果承许火在之前成立，也是不可能的。如果此立论成立的话，则火的产生就成为了无因，并且有无需观待木柴的道理可以损害。

壬二、破成与不成之观待：

若法因待成，是法还成待，

若所待可成，待何成何法？

（原译：若法因待成，是法还成待，今则无因待，亦无所成法。）

如果对方提出：此二者并不是以先后次序成立的，而仅仅是在同一时刻，因火的成立而成立木柴，也因木柴的成立而成立火。

如果承许在同一时刻，木柴之外的火能够成立，则无论如何也不能避免前面所说的“若因可燃燃，因燃有可燃，先定有何法，而有燃可燃”的过失。

如果某一火法，是因观待某一木柴之法而成立的。然而，火法也是观待的法。如果认为火法所观待之法或者观待处——木柴成立，那么我们就可以义正词严地提出：是观待何法而使何法成立的呢？如果此二者中的任何一方在之前都不成立，则其（二者的）能立都不成立，最终二者也就无法成立了。如果二者成立的话，又怎么需要观待能立呢？如同飘荡于水中的人们，为了使船只不至于沉陷，即使一个个互相紧攥双手也无济于事。

若法有待成，未成云何待？
若成已有待，成已何用待？

如果承许“某法因为具备观待而成立”，那么请问：其所观待的法是已经成立的法，还是尚未成立的法呢？如果是尚未成立的法，又怎么能够观待呢？如同兔角根本不存在（也就不能观待）一样。如果承许是已经成立的法，则观待也是不合理的，因为已经成立了。

壬三、摄以破成立之义：

因可燃无燃，不因亦无燃。
因燃无可燃，不因无可燃。

观待木柴[可燃]的火[燃]，其自性不可成立。因为无论火观待的是已经成立还是尚未成立之法的观点，都已经被驳斥得一败涂地。而不观待木柴的火，即使在名言中也是不存在的。否则就有前面所说的应成不观待他法、能燃之因不观待以及应成恒时燃烧的过失。

同理，观待火焰的木柴，其自性也不可成立，因为观待的论点早已被驳得体无完肤。而不观待火焰的木柴，在名言中也是不存在的，因为不是正在燃烧而被称为木柴是不符合逻辑的。

如果对方认为：虽然不是正在燃烧，不能称其为木柴，但它也是明天燃烧的原料，又怎么不是可燃呢？

当然不是可燃，因为能障碍其成为可燃的因素存在。

那么，马头火[1]又作何解释呢？

我们此时所探讨的“火”，是指必须由木柴而产生的火，而马头火并不是由木柴而产生的，所以也就不是我们此处所指的“火”。或者因为（马头火）并不是木柴的近取者。所以，并没有堪称为领受者人我的能立。

辛二（宣说旁破他理）分二：一、遮破可成；二、以前述之理类推。

壬一、遮破可成：

燃不余处来，燃处亦无燃。

1 马头火：南方大海中一匹烈马口中所喷火焰。

如果对方仍然一意孤行地说：倘若存在火，则现量可见木柴被火所燃烧。因此，我们不需要细致入微地去推敲，火与木柴就是存在的。

即使你们苦心竭虑地建立了木柴被火所燃烧的主张，然而这种观点却没有可以安身立命之处，因为火本身都是不可成立的。为什么呢？我们可以假设，这种所谓的火，无论是作为并非木柴的其他法使木柴燃烧的，还是作为木柴自身而使其燃烧的，这两种情况都是不合理的。首先，火绝对不是由并非木柴的其他法而来[形成]的，因为，如果火是并非木柴的其他法而来[形成]的，则有可现不可得，以及火的形成无因的过失；其次，木柴自身当中也不可能在之前存在火，因为可现不可得。

壬二、以前述之理类推：

可燃亦如是，余如去来说。

有关遮破火与木柴的其余道理，在前面分析已去、未去以及去时中已经做了宣说。我们可以用“若言未燃燃”等方式，只需在措辞上稍作改动即可。

因此，作为瑜伽士，用此处抉择燃与可燃的道理，就可以将其他诸法，包括外器世间的末劫之火、内有情世间的三毒之火均不可焚烧的观点融会贯通。

正如《三摩地王经》所云：“若历数百劫焚燃，虚空从未被烧及。证诸法同虚空者，彼于火中永不焚。”

通过以上论述，主要抉择了（燃与可燃）为一体与异体的情况。

庚三、摄以破成立之义：

可燃即非燃，离可燃无燃，
燃无有可燃，燃中无可燃。

因此，木柴并不是火，否则会被“若燃是可燃，作作者则一”的推理损害；同样，在木柴之外，火也不可能存在，用“若燃异可燃，离可燃有燃”就可以证明。

因为用以上的两个道理，已经将火与木柴的本体为一体与异体的两种观点进行了破斥。所以（火中）也不具备一体与异体的（木柴）。

所依的火不可能具备能依的木柴，而这种木柴的能依——火也不可能存在。因为凡是异体的法，则应遍是能依所依的，所以其不可成立。

己二、以此理亦可类推他法：

以燃可燃法，说受受者法，
及以说瓶衣，一切等诸法。

前面已经抉择了火与木柴一体、异体、具足、能依以及所依不存在的道理。依靠这个道理，我们也可以同样依次宣讲：如果对领受者人我，取受或者所领受的五蕴二者以此五法进行观察，也不可成立。

同理，（依靠这个道理，）我们还可以宣讲诸如瓶子与氆氇、支分与有支以及因果等其他法若以五种方法进行观察，都不可成立的观点。

己三、呵斥违品之见：

若人说有我，诸法各异相，

当知如是人，不得佛法味。

如果还有人扬言：领受者人我及其所领受的五蕴存在，果法等诸法以及经纬等法也是以本体一体与异体的方式存在的。

龙树我只会认为：此人不可能精通佛法所强调的远离常断的缘起甚深之法的道理，因为以如此的耽执，在正量面前是无法立足的。

《中观根本慧论》之第十观燃可燃品释终

十一、观本际品[1]

丁十一（观本际品）分二：一、经部关联；二、品关联。

戊一、经部关联：

《般若经》云“前际不可得，后际不可得，中部亦不可得”等，宣说了无有本际的道理。

戊二、品关联：

如果对方认为：虽然你们破斥了人我，以及其比喻火与木柴的存在。然而，因为轮回存在，所以轮回中的流转者人我还是存在的。如果人我不存在，那么五种众生的流转，包括从前世来至今世，以及从今世趋往来世的一生一死的承接，又是由谁来进行轮转的呢？

佛陀也云：“生、老、死之轮回无始亦无终。”又云：“众生具备无明之遮障，三有之普行者为三有之连环结所缚而行于轮回，其流转之前际不可得。”既然存在轮回，则轮回者人我也是应该存在的。

为了抉择轮回不成立，而宣说本品。

此品分三：一、所依之轮回不成立；二、能依之生死法不成立；三、以此理亦可类推他法。

己一、所依之轮回不成立：

1 本品藏文原意为“观轮回品”，因本意相同，故此处为尊重鸠摩罗什原译，未作改动。

大圣之所说，本际不可得。

生死无有始，亦复无有终。

如果轮回存在，则轮回者人我也存在，然而轮回的本体却是不成立的。因为，在询问“轮回是否有前际”之时，即使是大圣者能仁也会以“无有”作为回答。如云：“诸比丘，生、老、死之轮回无始亦无终。”如果轮回存在，则必须如同瓶子一般具有前际分。然而，轮回却犹如旋火轮[1]一般，其前际分根本了不可得。

因此，轮回是既没有开始也没有终结的。因为此生死轮回的前际不可得，后际也不可得。此处的“始”“终”，是指前后际，而不是先后次第的意思。

若无有始终，中当云何有？

如果对方认为：中部总是存在的吧。

轮回既没有前际，也没有后际，又怎么可能存在中部呢？中部也是需要观待前后际才能成立的。因此，轮回在胜义当中如同虚空一般。在名言当中虽然没有前际，但却有后际，如同种子一样。

己二（能依之生死法不成立）分三：一、略说；二、广说；三、摄义。

庚一、略说：

1 旋火轮：迅速转动线香或柴头余烬形成的环形火光。

是故于此中，先后共亦无。

因为没有前中后，所以轮回也不可能存在。轮回中的生老二者，无论是以先后次第，还是以同时的方式，其存在都是不合理的。

庚二、广说：

若使先有生，后有老死者。
生则无老死，不死而有生。

（原译：若使先有生，后有老死者。不老死有生，不生有老死。）

为什么不合理呢？

因为，如果先成立生，然后成立老死。那么这种（首先成立的）生就不具备老死，生也就成了恒常不灭的法；还有，因为在此之前没有老死，也就是没有死而有生，这种生也就成了无因。

若先有老死，而后有生者。
不生有老死，无因岂能成？

（原译：若先有老死，而后有生者。是则为无因，不生有老死。）

如果后成立生，先成立老死。也就成了类似于不具备生的老死，作为老死自身的因——生在之前并不存在，（老死）又怎么可能产生呢？绝不可能！

生及于老死，不得一时共。
生时则有死，是二俱无因。

生与老死二者也不可能同时存在，否则就成了正在产生的时候也正在死亡，相违的此二者位于同时，则成了生死二者之前的因都不存在。相对于生而言的老死，与相对于老死而言的生在之前都不具备，则其二者就无需互相观待，而成了独立自主的个体，因为相互的因是不必观待的。

庚三、摄义：

若使初后共，是皆不然者。
何故而戏论，谓有生老死？

既然生与老死无论以先后顺序，还是同时存在都不可能，又怎么能妄加分别，创立出“生与老死存在”的胡言呢？这种立论是毫无道理的。

己三、以此理亦可类推他法：

非但于轮回，本际不可得。
诸所有因果，及相可相法，
受及受者等，所有一切法，
如是一切法，本际皆亦无。

（原译：诸所有因果，及相可相法，受及受者等，所有一切法，非但于生死，本际不可得，如是一切法，本际皆亦无。）

不仅仅是所谓的“轮回”不存在本际，而且包括因与果、法相与事相、受以及受者、能知与所知等等在内的，其他具有互相观待关系的任何法，以及轮涅之量果、所量、计量单位等一切诸法，都不成立一者在之前成立的本际，以及同时共存的情况。

成立观待关系的一切法，在胜义中其自性为空性，在世俗中也是如幻而成立。（我们可以对因果关系进行分析，假设因果以先后的次序而成立，）如果因在前面，不存在其能够安立的因；如果果在前面，也不存在之前产生果的因。如果（因果）于同时相互不观待而成立，则两者都成了无因。

用以上的道理，也可以类推法相与事相等等一切观待之法。

《中观根本慧论》之第十一观本际品释终

十二、观苦品

丁十二（观苦品）分二：一、经部关联；二、品关联。

戊一、经部关联：

《般若经》云“苦以苦而空”等，宣说了无有痛苦的道理。

戊二、品关联：

如果对方认为：人我是存在的，因为与其相关的痛苦存在。而且，佛陀不是也说过“领受之痛苦五蕴”吗？如果痛苦的所依——人我不存在，则痛苦的存在也就不合理，如同石女儿子的病痛不存在一样。

为了证明其不成立，而宣说本品。

此品分三：一、宣说他宗；二、阐述能损之理；三、以此理亦可类推他法。

己一、宣说他宗：

自作及他作，共作无因作。

如果对痛苦之因按四边进行划分，则数论外道等一部分人认为：痛苦是由其自身而产生的；佛教内部的大多数人则认为：痛苦是由其他因素产生的；裸形外道认为：痛苦是由自他二者共同产生的；顺世外道则认为：痛苦是无因而产生的。

也就是说，数论外道承许：痛苦是由痛苦自身而产生。有部论师则宣称：痛苦是由补特伽罗人我而产生。包括佛教内部与外道，都有痛苦是由与其本体相异的其他因产生的观点。而裸形外道却声称：痛苦首先是由身体而产生的，因为身体本身也就是痛苦，所以也就包含了自生；其次，痛苦也是由生命而产生的，因为生命是痛苦之外的其他法，所以也就包含了他生云云。

己二（阐述能损之理）分二：一、略说；二、广说。

庚一、略说：

如是说诸苦，于果则不然。

无论是痛苦由自生、他生、共生还是无因生的任何立宗，在任何时候都是不合理的。

庚二（广说）分五：一、破痛苦为自生；二、破痛苦为他生；三、以他理破自生与他生；四、破自他共生；五、破无因生。

辛一（破痛苦为自生）分二：一、破以痛苦而自生；二、破以补特伽罗而自生。

壬一、破以痛苦而自生：

苦若自作者，则不从缘生。
因有此阴故，而有彼阴生。

如果痛苦是由痛苦自身而产生［作］的，是由自身而产生［作］的缘故，则不能依靠之前的痛苦之缘而产生，因为痛苦自身的体性在之前已经成立或者存在。

认为此立宗不合理，还有另一个原因：即依靠属于毁灭分的死时五蕴，而产生生时五蕴的现象也是有目共睹的。（所以，痛苦不可能是自生。）

壬二、破以补特伽罗而自生[1]：

若人自作苦，离苦何有人？
而谓于彼人，而能自作苦。[2]

如果对方认为：痛苦既不是由痛苦自己而产生[作]的，也不是由其他的补特伽罗做出而施予他人的，而是由建立这种痛苦的补特伽罗人我，做出了这个人我的痛苦。

如果是由建立痛苦的补特伽罗为前提，而使痛苦产生的。那么请问，谁是除了痛苦五蕴之外的这个补特伽罗呢？（这个补特伽罗根本不成立。）因可现不可得，或者其作者不可成立。

如果对方还是认为：是由人的痛苦之领受者补特伽罗，而使人的痛苦产生的。

然而，作为人的这个补特伽罗，与人的痛苦是不可能为他体的，我们根本无法截然区分所谓的“作者”“所作的因”以及“痛苦”，而且自己

1 此科判的藏文原文位于“破痛苦为他生”中“壬一、破以其他痛苦而生之他生”的内容之后，此处根据科判内容予以了调整，望斟酌。
2 此偈颂与下一偈颂的原文顺序，与原译顺序颠倒，为照顾藏文科判，故略作调整。

又怎么能对自己起作用呢？

如果前世作为人的痛苦之领受者补特伽罗，产生了后世天人的痛苦，那么，又怎么会不是他作 [生] 呢？（如果他生成立，则与你们所许的自生观点相矛盾了。所以，你们的论点根本无法成立。）

如果对方还是认为：（这个产生者）虽然与前后世的近取——痛苦或者五蕴为他体，然而却并不是与补特伽罗为他体的。

然而，在近取或者五蕴之外，根本不存在他体的补特伽罗。（由补特伽罗自生之说又怎么能立足呢？）

辛二（破痛苦为他生）分二：一、破以其他痛苦而生之他生；二、破以其他补特伽罗而生之他生。

壬一、破以其他痛苦而生之他生：

若谓此五阴，异彼五阴者。
如是则应言，从他而作苦。

如果由死时五蕴，能产生他体的生时五蕴；并且由生时五蕴，也能产生他体的死时五蕴，则痛苦由其他的法而产生的观点可以成立。然而，这种由他法而产生 [作] 的观点是不合理的。

《佛护论》以及《般若灯论》中的观点都一致认为："若对方声称'因彼生此故，苦由他而生'，若其不具自之体性，则无自生。若具自生，则于缘无需观待，此理于缘起不容。而此等之法皆为缘起，因自前蕴而生后蕴故。若非缘起，则不应理，前已广述故。若异相之体性成立，则因果之关联不可安立，他生之说焉能应理？”此处的所谓痛苦，应理解为近取五蕴而产生痛苦。

壬二、破以其他补特伽罗而生之他生：

若苦他人作，而与此人者。

若当离于苦，何有此人受？

如果对方认为：因为前后世的补特伽罗并不是同一者，（痛苦的产生）是由其他作为人的补特伽罗所聚集的业，创造了后世天人的痛苦，然后又将其施予天人补特伽罗，而使这个痛苦在天人补特伽罗处诞生，所以，痛苦是由他生［作］的。

如果是由其他的某位施予者，即作为人的补特伽罗，创造了该痛苦，并将其施予天境的某位天人补特伽罗。那么，在除了这个所施予的痛苦之外，所谓的接受者又怎么可能合理安立呢？这种说法根本不能自圆其说。

总之，在其他补特伽罗没有施予之前，需要没有痛苦的领受者——补特伽罗来证明。然而，这个（补特伽罗）又怎么可能存在呢？

苦若彼人作，持与此人者。

离苦何有人，而能授于此？

如果施予者，即作为人的其他补特伽罗，创造了后世天人的痛苦。那么请问，作为人的作者补特伽罗，创造了该痛苦，并将其施予其他的天人补特伽罗的又是谁呢？这个其他的补特伽罗，在除开人的痛苦之外，又能在何处安身呢？因为（在痛苦之外），他体的（补特伽罗）是不可能存在的。

有关破斥施予者的论说，在《显句论》中也有很好的教证："若能施所施之补特伽罗二者，不可存于所施之五蕴抑或痛苦之外，则'该痛苦乃自他体之补特伽罗所作'之说又焉能安立？因于痛苦之外，他体之作者补特伽罗不可成立。"

辛三、以他理破自生与他生：

自作若不成，云何彼作苦？

若彼人作苦，即亦名自作。

如果痛苦为自作的立论能够在前面成立，则他作也就可以成立。如果连痛苦为自作的立论都不能成立，则由其他（补特伽罗）自作的立论又怎么可能成立呢？因为（其他补特伽罗）也需要自作。

譬如，如果慈氏的衣服是由近藏做的，则这件衣服首先必须建立在近藏自己制作的基础之上。同理，如果由作为人的作者补特伽罗，自己创造人的痛苦之前提都不能成立，则天人的该痛苦，又怎么可能由其他的补特伽罗人来创造呢？绝不可能创造出来！

如果其他的补特伽罗人，创造了天人的某个痛苦，则（该痛苦）就已经成了由其他的补特伽罗自己创造的了。

苦不名自作，法不自作法。

彼无有自体，何有彼作苦？

该五蕴痛苦，也不是由（补特伽罗）人我自己创造的。痛苦的法不可能由自己创造，因为自己对自己起作用是相违的。

如果在五蕴之外，（补特伽罗）人我不能以其他的本体而成立，则痛苦由其他（补特伽罗）而作的说法又怎么可能成立呢？不可能成立。

如果对方首先思维道：虽然该痛苦是由补特伽罗自己所创造的，然而该补特伽罗也不是在痛苦之外的他体，并由此创立出“痛苦由痛苦所创造”的学说；然后又思维道：该补特伽罗并不是痛苦，所以继而认为是他作。

佛护论师的解释主张：“该颂词的前面两个句子，是破斥自生[作]立论的：其中第一个句子，可以采用‘在五蕴之外，不存在他体（补特伽罗）人我’的理由，从而破斥痛苦由（补特伽罗）人我自作的观点；而第二个句子，则是驳斥痛苦由痛苦所创造的学说。后面的两个句子，则可以采用‘除了痛苦或五蕴之外，（补特伽罗）人我不存在’的理由，对痛苦他作之论进行驳斥。”

也可以解释为，第一个句子说明，痛苦不是由自他的补特伽罗自生[作]的；第二个句子说明，痛苦不是由痛苦自生[作]的；后面两句则为驳斥他生[作]不存在，这种说法（与佛护论师的解释）是完全相同的。

辛四、破自他共生：

若彼此苦成，应有共作苦。

如果对方认为：虽然痛苦由自体或者他体分别各自而作[生]不存在，

但由两者共同聚集的作 [生] 应该存在。

这种想法也是不合理的。如果痛苦可以由自体或者他体二者分别各自而作，则两者的共作可以成立。然而，因为其分别各自的作已经被推翻，所以（两者共同聚集的作）已将两种过失集于一身。

如果对方认为：虽然在各个零件上，都不成立马车，但各个零件汇集在一起，马车却能成立。（所以，聚集而作的观点是成立的。）

但是，因为它们是相互观待而成立的，所以在此处，像这样理解也是不合理。就像如果每一个人都没有杀生，则“其中的两个人共同杀生”的说法也是不可成立的一样。因为在自他二者之外，其他所谓共同聚集的作者在任何时候都不可成立，所以二者共作也不可成立。

辛五、破无因生：

此彼尚无作，何况无因作？

既然由自体不能作，由他体不能作，由两者共同也不能作，那么，该痛苦是无因而作的观点又怎么可以成立呢？如同虚空鲜花的芬芳一样。

如果是无因作，则有恒时存在或者恒时无有的过失，所以在任何时候都不可成立。

己三、以此理亦可类推他法：

非但说于苦，四种义不成。

一切外万物，四义亦不成。

不但内有情世间众生相续的五蕴或者痛苦，不存在自作［生］等四种情况。外器世间包括苗芽、瓶子以及氆氇在内的一切万物，也不存在自作［生］等四种情况。

因此，如果以胜义理论进行观察，四边生的能遍［总体］已经破灭，所以痛苦等诸法的自性也是不存在的。在名言中，如同第八品所宣说的一样，应（将一切显现）都理解为缘起。如云："痛苦之自生……汝云乃缘起。"

因为四边都不可生，所以一切（显现）都是如幻般以缘起而存在的。

《中观根本慧论》之第十二观苦品释终

十三、观行品[1]

丁十三（观行品）分二：一、经部关联；二、品关联。

戊一、经部关联：

经云："诸比丘，胜义谛乃唯一真如，无欺之法即为涅槃，诸行乃为欺惑之法"等，宣说了诸行皆为空性的道理。

戊二、品关联：

倘若像前面那样进行观察，则可以断定：因诸法远离了四边生，所以其自性也就不存在。但是，在被无明眼翳将其智慧之眼遮障的人们面前，却显现以自性而生的本体。如同不了知幻术的人们，被幻化的马象等所欺惑一样。

因此，照见一切所知，远离一切眼翳垢障的佛陀在经中云："诸比丘，有为欺惑之诸法皆为虚妄，无欺涅槃之诸法乃为胜义谛。"

欺惑之法不但引诱诓骗，并且颠倒而显现，犹如旋火轮一般。下面将就此内容详细进行宣说。

此品分四：一、宣说教义；二、破承许其他立宗；三、驳斥其他争辩；四、宣说空性之必要。

己一、宣说教义：

1 本品藏文原意为"观真如品"或者"观行品"。

如佛经所说，虚诳妄取相。

诸行妄取故，是名为虚诳。

佛陀云："欺惑之诸法皆为虚妄。"因此，诸行是并非其自性的欺惑之法，其显现分也是颠倒的。所以，诸行的安立也或者是空性，或者是虚诳，或者是世俗，犹如阳焰之水。

如果对方提出争议："'虚诳'与'欺惑'二者的内在含义，就是指不存在。那么，又怎么能以欺惑之法而成立为虚诳呢？倘若诸行皆为虚诳与无有，则在任何条件下，具有作用的法都不可能存在，（然而，具有作用的法在名言中是存在的，）所以，这种见解就成为损减一切名言法的邪见。"

前面所引述的经教，也是声闻乘共许的经典内容，然而彼等之人却将其中的虚诳理解为犹如兔角一般原本不存在。将在以本性不成立同时的诸法之显现也安立为虚诳，并对仅现之法如同幻觉般在名言中能起作用的道理一无所知。

因此，针对你们以及如你们一般之辈认定诸法是以自性而存在，并为这些（假象）所蒙蔽欺惑的情况，才将这些法安立为"欺惑之法"的。

虚诳妄取者，是中何所取？

如果某法是以欺惑性的能立，而安立为"虚诳与自性不存在"的所立，那么此法又怎么可能为欺惑性的呢？诸法本身不存在的所谓损减又怎么可能成立呢？如果自性存在，而宣说为不存在并具欺惑性，就可称其为损减。然而，我们在任何时候都没有承认过诸法以自性而成立，又怎么会存在对诸法现象的损减呢？因为其自性就是欺惑性或者可以说是不成立的。

还有，区分所谓“虚诳”与“非虚诳”，如果是建立在某法真实存在的基础之上，却认为（该法的本性）是与其相背离的、虚诳的违品，才有可能出现损减的情况。如同认为（已经真实存在眼睛的）天授没有眼睛一样。

如果是建立在认为某法的自性根本不存在的基础之上，即在诸法已经以自性而成立为虚诳法性的情况下，而安立该法为虚诳，又怎么会成为损减呢？如同“影像不成立色法自性”的说法一样。

佛说如是事，欲以示空义。

如果对方又提出：倘若（刚才所引用的经教）不是为了表明诸法不存在，那么是为了表达什么样的观点呢？

佛陀所宣说的“欺惑诸行，皆为虚诳”，所要表达的观点不是为了表达“不存在”的概念，而是为了阐释自性为空性的观念。

因此，对这些世俗欺惑诸法的诠释，根本不存在损减其自身的问题，而是抉择了其自身的情形是远离一切增损的观点。

尔等之辈一口咬定：所谓“欺惑”，就是不存在的意思。（如果欺惑就是不存在，）欺惑又怎么会存在呢？不会存在。既然如此，那么谁又会被欺惑呢？（欺惑的法）根本不成立。

因此，此经所要申明的道理，是现空二聚，或者其自身在此两方面的破立。欺惑在这里的含义，不是承许为无有，而是承许为存在欺惑之法。

如同不能承认幻化的马象不存在，却可以承认因为马象的自性不成立，所以具欺惑性一样。

己二（破承许其他立宗）分二：一、宣说他宗；二、破其立论。

庚一、宣说他宗：

诸法有异故，知皆是无性。
无性法亦无，一切法空故。

如果对方认为：佛陀宣说诸行皆为欺惑所要表达的观点，并不是你们所承许的自性空性，而是为了表达具有自性的诸法在自身成立的第二刹那，不可驻留而毁灭，所以称之为“欺惑”。因为此经中还说过“此法行欺惑，即为殒灭法”。

如果不是这样，就不合理。因为，如果诸法不存在，则不成立在驻留之时成为他法，以及诸法以补特伽罗我所空。因为建立这两种立论所依靠的基础都不存在，如同“蓝色的石女儿子”的说法一样。

考虑到以上理由，所以对方提出：诸法并非如外道所承许的“其自身的自性具有恒常以及驻留的本体”，因为彼等在驻留之时成为异体的他法，且为无常的情形是现量可见的。

不仅仅如此，诸法自身无有本体的情况，也是一丝一毫也不可能存在的。为什么呢？因为我们必须承许诸法以补特伽罗我所空。

（原译：“诸法若无性，云何说婴儿，乃至于老年，而有种种异？”

在藏文版中无有。）

若诸法无性，云何而有异？ [1]

对方继续说道：如果诸法的体性不存在，如同虚空的鲜花一般，那么，又以什么法来成立所谓“成为异体的他法”呢？简直不符合道理！

庚二、破其立论：

若诸法有性，云何而得异？

如果按照你们所说，以“往异体他法的迁变”作为能立是不合理的。假如诸法的体性以自性而存在，所谓“成为异体的他法”又怎么会合理呢？如同火不可能与暖热的性质两相分离一般。如果诸法的自性存在，则在任何时候都不可能成为异体的他法。

是法则无异，异法亦无异。
如壮不作老，老亦不作老。

诸法本身在驻留的时候，这个驻留的法不存在往异体他法的变异。因为其本身的性质（就是驻留）而不是变异的。

如果该法已经成为异体的他法，也不存在（往异体他法的变异），因为已经成为异体他法。我们可以打一个比喻来说明这个问题：如果正处于壮年阶段，就不会存在衰老的情况，因为壮年与老年二者相违；如果一开

1 此颂的藏文版与原译中的“若诸法有性，云何而得异”顺序颠倒，此处按照藏文解释的次第进行了调换。

始就已经衰老，也不会再衰老，因为（已经衰老）而再次衰老毫无意义。

若是法即异，乳应即是酪。

离乳有何法，而能作于酪？

如果认为是以前该法的同时，即为异体的他法，则必须要求在不舍弃前法的同时而成为异体的他法，即正是牛奶的同时，又变成了酸奶。

除此之外的其他法也不可能变成（这种异体的他法），正如在牛奶之外，类似水等之类的其他什么法，又怎么能变成酸奶呢？因为可以变成酸奶的其他法根本不存在。

（既然没有任何法可以变成酸奶，往他法酸奶的变异又怎么可能成立呢？不可能成立。）

己三、驳斥其他争辩：

若有不空法，则应有空法。

实无不空法，何得有空法？

如果对方提出：所依的法是存在的，因为能依的空性存在。空性也是存在的，因为它是轮回的对治，作为中观派的你们难道不承认这个道理吗？连佛陀也曾说过："涅槃乃真实胜妙之法。"所以，如果空性成立，则其违品或者空基[1]也应该能成立。

如果所谓的"空性"能够成立，则（空基）可以成立。然而，空性也

1 空基：空性所依，据以论证抉择空性之处，即事物。

是不成立的。如果有稍许的不空之法，则与其相观待的稍许空法也可以存在。然而，在所知的法当中，不空的法一星半点也不存在，所谓的“空”又怎么可能以本体而存在呢？根本不存在。

说事实的论师们承许，空基以及存在于空基之上的空性二者是分别各自而成立的。如此一来，则在诸法当中只有一些法是空性，如果有少许永远不空的法存在，因为该法是在空性之外的异体，则不空或者存在之法的对治必须以空性而空，因为对治之法是存在观待关系的，所以也有少许的空法存在。

如同某法存在生，也就存在灭，如果有稍许的生法，则有稍许的灭法。如同（已经出生的）天授有死亡，（已经产生的）瓶子有毁灭一样。没有生也就没有灭，如同石女的儿子没有死亡一般。

因此，空性是一切法的总相，任何存在并显现的法，都遍是空性。此时，又怎么能以此空而空呢？如同空中的花鬘一样，空性也是不能以自性而成立的。

所谓空性只不过是首先依靠存在有的执著，从而对其进行遮止的一种执著状态而已。诸法的实相以这种空性又怎么能空呢？连所破都不存在的缘故。不存在所破的空性又怎么能存在呢？

己四、宣说空性之必要：

大圣说空法，为离诸见故。

若复见有空，诸佛所不化。

如果对方认为：佛陀也说："善逝之不共法门，乃为三解脱门。"你们竟敢大肆损减，声称甚深空性"不存在"，这简直是在阻断善趣与菩提解脱之道。

大药王佛陀所说的"外空、内空以及空性空"等说法，是为了令世人能够从有实无实等一切见解中出离或者超越的对治之方。如果有谁对已经遮破的空性法，自以为其体性存在。则对于这些人，无论采用什么方法，都真正不可调化、无计可施了，这种见解简直是如同于治疗疾病所不容的泻药一般的邪见。

为什么呢？正如《宝积经》所云："以空性不可令诸法空，诸法本为空性；以无相不可令诸法无相，诸法本为无相；以无愿不可令诸法无愿，诸法本为无愿。何人可如是善妙观察，迦叶，此人堪称真实善妙观察中观道之诸法者；迦叶，何人以缘空性而耽执空性，吾言此人已于吾之教法中退失；迦叶，宁可住于如山之补特伽罗见，不可落于真实我慢之空性见。其意云何？迦叶，自诸见中之出离者，乃空性也；迦叶，何人唯执空性之见，吾言此人不可救药；迦叶，此见乃如医者于患者施予药物，此药反令诸病丛生，复于腹内存积，不可出泄。迦叶，汝作何想？此人可出脱于该病否？世尊，此人不可出脱于该病。此药令诸病丛生，复于腹内存积，不可出泄，此人实已病入膏肓。佛言迦叶：同于此喻，自诸见中之出离者，唯空性也；迦叶，何人唯执空性之见，吾言此人实乃不可救治。"

（经中的内容说明，）就像针对胆病患者，采用药物进行治疗，虽然该药本来可以驱除病痛，但在服用之后，药物本身却变成了病痛，而留在身体之内不可排出一样。空性的见解也如同这种药物，如果对其一味执持，也就无法证达空性，该补特伽罗的对治之方最终也就变成了食物肿瘤 1。

任何有实与无实、空与不空的一切法，除了仅仅能够互相观待而成立以外，根本不成立其本身的体性。所谓“空性”，也只不过是摧毁相的一种执著方式，所以对其自身也万万不可产生耽执。

就像某人告诉他人：“我没有什么东西可给的。”结果别人却回答说：“那你就把没有的什么东西给我吧。”要消除他人对无的执著，实在是难乎其难的事情一样。（执著空性的见解，也是难以遣除的。）

《中观根本慧论》之第十三观行品释终

1 肿瘤：大致可分为十八种，食物糟粕不运，精华不化，在身体内表结成坚硬的块状病变。

十四、观和合品

丁十四（观和合品）分二：一、经部关联；二、品关联。

戊一、经部关联：

《妙力伏经》云“色法无有离合”等，宣说了无有和合的道理。

戊二、品关联：

如果对方提出：一切法本体是存在的，因为佛陀说过“诸法有接触[和合]”“依眼根及色法而生眼识”“自三者之聚集而生触”。

倘若对和合[接触]进行观察，也是不合理的。下面将详细进行分析。

此品分三：一、以立宗而略说；二、广说合理论据；三、摄以破成立之义。

己一、以立宗而略说：

见可见见者，是三各异方，
如是三法异，终无有合时。

所见的色法、能见的眼根以及见者人我或者眼识三者，无论是色法与眼根，或者色法与眼识，或者眼根与眼识两两之间，还是三者共同之间，都始终不存在相互的接触[和合]。

染与于可染，染者亦复然。

余入余烦恼，皆亦复如是。

同理，如果对贪欲、贪著者心识及其所贪著的对境，以及嗔恚等其他烦恼、声等其他处等其他三者进行剖析，所得出的结论也是无论其两两之间，还是三者共同之间，都不存在相互的接触[和合]，如同石女的女儿与儿子不可能互相接触[和合]一样。

己二（广说合理论据）分二：一、以有法不成立证明接触不成立；二、以无有一异证明接触不成立。

庚一（以有法不成立证明接触不成立）分二：一、略说；二、广说理证。

辛一、略说：

异法当有合，见等无有异，

异相不成故，见等云何合？

如果在该法自身之外，存在异体的他法，如同水与牛奶一样，则可以存在相互的接触[合]。然而，所见、见与见者等所谓接触之法，并不是对立的异体他法，因此，见等这些法之间怎么会有接触[合]呢？

辛二（广说理证）分二：一、宣说以本体成立的异法不合理；二、宣说异体之总相不成立。

壬一（宣说以本体成立的异法不合理）分二：一、以此理类推他法；二、破异体之本体。

癸一、以此理类推他法：

非但可见等，异相不可得。

所有一切法，皆亦无异相。

在这里我们要申明的是，不但所见与见、因法与果法等，或者其他互相观待之法，因不存在异体的他相，所以不会有它们之间的接触。包括瓶子等法与氆氇等任何其他法，也不成立同时共存的异体他相。

癸二、破异体之本体：

异因异有异，异离异无异。

若法所因出，是法不异因。

在世间界，异体的瓶子等法，是依靠氆氇等异体的他法，而使这种异体安立的。因为是观待之法，所以，如果氆氇等法不存在，则它的异体也不会存在，异体的瓶子等法也就不可能成立异体的名言他法。

因此，任何依靠因法而使异体安立的法，都不存在因法之外的异相本体，因为互相观待而成立。

若离从异异，应无异有异。

离从异无异，是故无有异。

（原译：若离从异异，应余异有异。离从异无异，是故无有异。）

如果这种异体，是另一个异体之外的异相本体，那么在此时，即使异体的他法不成立，异体的法也应该能成立。然而，因异体的他法不成立，异体就不能成立的缘故，所以异体的本体也就不可能成立。

所以，如果接触[合]存在，则因为接触[合]，他体也必须成立。然而接触却不存在，（所以异体的法也就不存在。）诸法都仅仅是互相依靠而建立的，所谓的“异体”绝不可能以本体而成立。因此，怎么会存在接触[合]，并且以本体能够成立的情况呢？正如种子苗芽与长短的关系一样。

如果对方认为：虽然所谓的“异体”，是依靠并且观待异体他法而成立的，然而，如果它们的本体是异体而存在的，又怎么会相违呢？

如果本体为异体，则必须成立互不观待的异体，然而（这种互不观待的异体）是不会存在的（，所以本体为异体也就不可存在）。

壬二、宣说异体之总相不成立：

异中无异相，不异中亦无。
无有异相故，则无此彼异。

如果食米斋仙人[1]等外道论师提出：诸法并不是观待他法而使异体安立的，因为存在所谓“异体”的总相，所以，与其相和合之异体的名言也应该能够安立。

如果异体的总相能够成立，则这种立论也算是合理的。然而，像这样（与他法相和合）的异体总相并不存在。如果存在，则可以分析与异体相

1 食米斋仙人：古印度哲学胜论派创始者之诨名，指拾他人所遗米屑为食而修道者。

和合，或者与非异体相和合的两种情况：

如果对方是已经成立的异体，它们之间的和合则不应该成立。如果为了异体的成立还需要和合，但在异体的法已经成立，并不需要成立新的异体法，如果需要，则有无穷无尽的过失的情况。（它们之间怎么可能存在和合呢？所以，它们之间的和合不存在。）

如果对方并不是异体，它们之间的和合也不应该存在，因为这样会有相违之法并存的过失。如果它们之间存在和合，则异体与非异体就会相互错乱。

在异体与非异体之外的异体并不存在，因为此二者是相违之法。

（既然和合不存在，则与他法相和合的异体总相，也犹如童牛角马般不可能存在。）

如果对方认为：虽然总相已经被遮破，然而异体还是存在的，如果异体存在，则总相也应该存在。

但是，如果不能成立异体的总相，又怎么能成立局部的异体呢？如同不存在树木，则不存在沉香木一样。

如果所谓“异体”的总相不存在，则无论异体或者局部的异体都不是异体，异体也就不存在了。

庚二、以无有一异证明接触不成立：

是法不自合，异法亦不合。

如果对方认为：倘若接触的能立——异体不存在，则你们的说法可以成立。然而，作为所立的接触是存在的，既然接触存在，则异体就可以存在。

但是，接触并不存在。首先，自己与自己不可能接触[合]，因为在异相本体不成立的情况下，并不存在接触。所以，所谓的“接触”又怎么可能成立呢？不会成立。此法与此法本身的接触不可能存在，如同不观待水的乳汁，不存在一个法自身的接触一样。

其次，异体与异体的他法之间，也不存在接触[合]，如同在水之外异体而存在的乳汁，不存在与水之间的接触一样。

己三、摄以破成立之义：

合者及合时，合法亦皆无。

我们用前面的理由，还可以同样推导出：接触自身的本体[合法]、正在接触[合时]、已经接触以及接触者[合者]都是不存在的。

《中观根本慧论》之第十四观和合品释终

十五、观有无品

丁十五（观有无品）分二：一、经部关联；二、品关联。

戊一、经部关联：

《妙力伏经》云“色法不具有实无实”等，宣说了万法不具备有实无实的道理。

戊二、品关联：

如果对方提出：诸法的自性是存在的，因为它观待因缘。任何不存在自性的法都不应该观待因缘，如同虚空中的鲜花一样。佛陀也说过：“诸法自因缘而生。”你们难道还敢不承认这一点吗？

诸法的真如性是虽不成立因缘却在名言中依靠因缘而产生，犹如幻觉一般了无自性。为了阐述这个道理而宣说本品。

此品分三：一、遮破四种戏论；二、呵责相违之见；三、教诫修习中观。

己一（遮破四种戏论）分二：一、遮破自性与他性；二、遮破有实与无实。

庚一、遮破自性与他性：

只有在没有自性的前提下，才能依靠因缘而产生；如果自性存在，则在任何时候也不可能依靠因缘而产生。如果诸行与苗芽等法的自性存在，则不应该从无明与种子等因缘中产生。

如果自身的本性已经存在，则不需要因缘。如同现在的诸行与苗芽一样。

如果对方认为：虽然在诸法产生之前，不存在自性，但最终却从因缘中产生了自性。

这种说法有导致诸法成为有为者的过失。

如果对方又反问：即使这样承许，又怎么会相违呢？

这样承许是不合理的，因为相互违背。如同水与暖热的性质一样，这并不是该法自身的本性，所以不应该是它的自性。

如果对方又反问：那么，所谓"自性"的情形究竟应该是怎样的呢？

所谓"自性"，是指该法本身不可改造的实相。任何经由改造以及自因缘而生的法，因为不具备其原始的本性，所以不应该成为其自性。如同被染上色彩的水晶一样。

因此，无论在任何时候，都不成立并非自因缘而生，其本体经得起观察的自主性。所谓"此法自性存在"之说，即自性成立的法，在任何时候都不可能存在。从自性不可得即为实相的角度而言，可称之为"现见胜义实相者"。名言中所宣说的"现见此法"，（在胜义中）无论如何也不可成立。

（佛经所说的）"彻见虚空……""不见乃为最殊胜之见"等等，说明所谓什么也见不到，并非像盲人一般因不能见色法，故只是将见法遮破，而是照见一切戏论无有自性的觉性智慧，就像明眼人现见虚空（或色法）一般。

如果对方提出：这样一来，虽然因为遮破了诸法存在自性的可能，从而遮破了自法。但是，因为并没有遮破他法本性存在的可能（，所以他法的本性还是可以存在的）。

既然无有自性都已经成立，那么作为其分支的他法自性，就不可能存在成立的理由。前译派所翻译的“本性”，与后译派所翻译的“自性”，只不过是翻译上的差别而已，其内在含义没有丝毫的差别。

众缘中有性，是事则不然。
性从众缘出，即名为作法。

如果本性或者自性存在，则不应该自因缘而生，因为其自性已经成立，如同现在的苗芽一样。

如果该法是从因缘当中而产生自性的，则这种自性并非其实相，而成了由他法而造作或者改造的法了，这种（改造而成的法）怎么会成立自性呢？

性若是作者，云何有此义？

说“自性就是造作者”的说法，又怎么可能合理呢？犹如水与暖热性一样，这并不是诸法的自性。

性名为无作，不待异法成。

如果对方又反问：那么，所谓的“自性”究竟应该是怎样的呢？

自性是真实无欺的实相，以其他因缘不可改造，无需观待其他因缘，不会变成他法的原有本性。其事相是双运离戏的法性。如经云：“如来出世亦可，未出世亦可，诸法之法性唯一安住。”

法若无自性，云何有他性？
自性于他性，亦名为他性。

因此，如果连诸法本身的所谓“自性”都不存在，他法的自性又怎么会存在呢？作为他法的本性或者自性，也是在观待本身自性的前提下，才可以称其为是“他法自性”的。

庚二、遮破有实与无实：

离自性他性，何得更有法？
若有自他性，诸法则得成。

如果对方认为：虽然自性与他法不存在，但法的总相应该是存在的。

如果在自性与他法之外，存在“其他之法”，则即使此二者不存在，法的总相还是应该存在。但是，像这样的所谓“其他之法”并不存在。

为什么呢？因为，在除了诸法本身的本性或者自性，以及他法二者之外，所谓的“其他之法”怎么会存在呢？根本不存在。所以，如果在本身的自性以及他法之外，“其他之法”存在，则所谓“法的总相”可以成立。但是，这种前提根本不存在。

有若不成者，无云何可成？
因有异法故，有坏名为无。

（原译：有若不成者，无云何可成？因有有法故，有坏名为无。）

如果对方认为：虽然法的总相已经被遮破，但无实应该是存在的，所以，与其相伴的有实也理所当然地应该存在。

如果无实存在，则这种立论也可以成立。但是，无实本身也并不存在。如果有实的法都不能成立，那么必须依赖有实方能成立的无实又怎么可能成立呢？如果像瓶子等等之类的某种法，现在变成了其他法，则连世间的士夫们也会说，以前的法是不存在的。除了断除所破以外，独立的无实法在任何时候也不成立。如果成立的话，无实又怎么会合理呢？就像如果是有碍的，就不会是虚空一样。

以遮破实有的方法，非常容易通达间接破斥于此世间根本不存在的所破——“无实”。所以，在这里没有宣说

己二、呵责相违之见：

若人见有无，见自性他性，
如是则不见，佛法真实义。

如果某人说“大地的自性就是坚固”，并认为诸法本身的自性是存在的；以为从眼根而产生的眼识是他法，所见的是他法，能起作用的是眼识等等；并对有实以及超越远离有实等等的无实极其耽执。这些见解都是对

佛陀所宣说的真实义理——殊胜深奥的缘起真如性，没有彻见的标志。

缘起的自性，是不存在以上四种法[1]中的任何一种的。因为诸佛通达了万法的真如性，就能真实无谬、毫无颠倒地阐释自性的含义，在任何时候也不会与真理相违背。因此，诸位有智之士实在应当心无旁骛地追随佛陀的足迹。

佛能灭有无，于化迦旃延，
经中之所说，离有亦离无。

下面我们还可以用教理再一次重申这个道理。已经证达了有实无实等一切所知的佛陀在《化迦旃延经》中这样教诫道："迦旃延，何以故？众多世间之人，对有无甚为耽执，故无力解脱于生、老、病、死、忧患、悲叹、痛苦、不悦及烦乱争斗。纵然以死亦不可脱离于焦躁苦痛。"这段佛语也将有无二者彻底地扫荡无余。

因为该经是佛教一切宗派所共同承认的经典，所以才在这里加以引用，任何宗派都不能违越此教言。

若法实有性，后则不应无。
性若有异相，是事终不然。

如果某法的自性存在，则该法不可能又变成无有。在任何时候，都不会出现该自性以因缘或者本性而变成异法的情况。为什么呢？因为，不可改造的自性一旦存在，即其自身的体性已经成立，就不必观待于任何法。

1 四种法：指自性、他性、有实及无实四法。

作为没有观待的法，永远也不会舍弃自性。我们必须承认这一点，就如我们承认虚空没有障碍的性质永远也不会往他法转变一样。

若法实无性，云何而可异？
若法实有性，云何而可异？

（原译：若法实有性，云何而可异？若法实无性，云何而可异？）

如果对方又提出：倘若诸法不存在自性，我们为什么可以现量看见诸法往他法的转变呢？这就像石女儿子的舞蹈一样不合情理。（所以，既然我们可以看见诸法的转变，其自性也必然应该存在。）

既然诸法的自性存在，又怎么会往他法转变呢？绝不可能。（所以，诸法不可能存在自性。）

《佛护论》中却认为："此颂完全是自宗的观点，包括前半部分（的两句颂词）也并不是他宗的见解。此颂所宣说的主题就是，无论自性是否存在，都不应该往他法转变。"

己三、教诫修习中观：

定有则著常，定无则著断。
是故有智者，不应著有无。

因此，在思维实相的时候，如果说"此法定然存在"，则是有恒常的执著；如果说"此法定然不存在"，则堕入了断见。

如果声称“有某个心的外境”，并认为其自性存在。然而，既然（诸法的）自性存在，则空性以及往他法的转变等就不应理，如此一来，就落入了与无有的观点[空见]相抵触的常见；如果执持“某法不存在”的观点，就会出现自性存在立论荡然无存的局面，前面“有”的见解在这里就成了断灭之见。

然而，这种自性不存在的见解，就不存在以上的两种过患。仅仅的有、仅仅的无以及认为自性不成立的见解虽然不是粗大的常见断见，但却存在着分别的耽执，无法超离于有相的戏论。

在执著成实的病没有康复之前，始终需要依靠无有的遮止之药，但最终却必须将病痛与药物一并驱除，安住于息灭一切痛楚戏论之相，远离四边戏论的境界中，将能取所取戏论的细微常断残渣扫荡殆尽。总之，遮破自性存在，绝不是仅仅建立无有自性的立论。

《显句论》中云：“扫除此二见解，即为中观道修习之方。”一言以蔽之，就像在病没有痊愈之前，始终需要依靠药物一样，在所破没有消灭仍然存在之际，遮破无有的执著还是应该利用。一旦将（所破）消灭，又怎么会有“无”的执著呢？假使所得到的最终境界是单空，那么又何需在颂词中引用“经中之所说，离有亦离无”的教证呢？

释迦却丹曾说过：“成实不可得的智慧，与执著实有空的观点二者，实在是有着天壤之别。”

因为这些都是边执之见，所以，作为智者永远也不要堕入将有与无视为真如实性的边执见当中。

若法有定性，非无则是常。

先有而今无，是则为断灭。

如果对方反问：为什么这些都是常断之见呢？

如果某法的本性或者自性存在，则该法就应该是恒时不存在，或者是彻底与其相违的非不存在（即存在），这样就堕入了常见。如果说：某法曾经因为产生而存在，但在消亡之后，现在已经不复存在了。这种说法阻断了该法存在的延续，所以又堕入了断灭的行列。

《中观根本慧论》之第十五观有无品释终

十六、观缚解品

丁十六（观缚解品）分二：一、经部关联；二、品关联。

戊一、经部关联：

经云“色法无生故，无缚也无解”等，宣说了无缚无解的道理。

戊二、品关联：

如果对方提出：诸法的自性是存在的，因为轮回涅槃的束缚与解脱可得。

如果束缚与解脱存在，则可以说诸法的自性存在。然而，束缚与解脱是不存在的。为了阐述这个道理而宣说本品。

此品分三：一、遮破轮回与涅槃；二、遮破束缚与解脱；三、驳斥其他过患。

己一、遮破轮回与涅槃：

诸行往来者，常不应往来，
无常亦不应，众生亦复然。

作为所立的轮回与涅槃，以及作为能立的束缚与解脱都不应该存在。前者不存在，是因为所取五蕴以及能取众生二者的轮转不存在。

如果对方提出：近取的诸行五蕴，存在前往他处的流转，所以轮转[往来]是存在的。

倘若诸行是恒常的，则不会有轮转，因为既然是恒常，就不应发生迁变。

倘若诸行是无常的，也不会有轮转，因为在一刹那间不会存在往他法的迁变。

能取者众生也是这样，无论对恒常以及无常的情况进行观察，不存在轮转的理由，与前面所表述的完全相同。

若众生往来，阴界诸入中，

五种求尽无，谁有往来者？

如果对方反驳道：这二者是完全不同的。就是有恒常与无常不可言说的补特伽罗（众生）在轮转。

蕴［阴］、界、处［入］与作为补特伽罗人我的关联，在前面宣讲“燃与燃者”等关系时，已经得出：无论如何寻求其本体为一体、异体、具有、能依以及所依的五种关系，也如同石女的儿子一般了不可得的结论。既然如此，又有哪位补特伽罗会轮转呢？绝不可能。

如果承许在近取五蕴不存在的情况下，补特伽罗的轮转仍然存在。然而，如果轮回安立的因都不存在，这种立论就站不住脚。如果还是固执地认为轮转存在（，我们就可以举一个例子来加以反驳）：

如果需要从人的身体，转移为天人的身体，不舍弃原有的（五蕴身）是不可能的；如果舍弃了原有的（五蕴身），则在前后世二者之间，就不存在其他的五蕴。那么在此时此刻，补特伽罗已经远离了其安立之因——

近取五蕴，所谓的轮转也就不可能存在了。

如果承许在前后世之间，不存在中间的过渡阶段，就会有天人与人二者在同一时刻出现的过失，如此则有（一个相续的）补特伽罗成为两个的问题，还会导致（在一个相续中，）所有六道轮回同时出现的后果。

按照《无畏论》的解释：如果是轮回或者五蕴之外异体的流转者补特伽罗，在三有中轮转。那么请问，这个流转者是不观待轮回各道的身体而单独流转的补特伽罗，还是观待轮回各道的身体，而从一个身体投生至另一个身体的呢？

（第一种情况显然不合理，此处无需赘述。）

如果是第二种情况，要使人、天道的身体等不至于在同时出现，该补特伽罗就必须舍弃前世的身体，接受后世的身体。因为前后世分别的补特伽罗并非一体，（在此中间的间隙中，所谓的补特伽罗）就不应该是前后世二者中任何一位补特伽罗的五蕴身。所以，在此二者之间并非二者之一的补特伽罗就不存在五蕴身。既然无论人天道，还是其设施处的五蕴身都不存在，所谓的流转者也无论如何都不可能存在了。这种远离存在与五蕴的轮回，又怎么可能具有存在的意义呢？根本没有。

如果承许前后世的补特伽罗为分别各自的异体，就会有补特伽罗成为无常与众多的过失，如此一来，前面的过咎依然不可避免。

若从身至身，往来即无身。

若其无有身，则无有往来。

如果像前面所说的那样，该流转者舍弃了前世人的身体，而以天人的身体在流转，则于此二者之间，单独流转的近取五蕴身也就不存在了。如果在此期间，五蕴身不存在，或者说是远离了近取五蕴身，那么作为流转者人我又怎么会流转呢？因为安立流转者的因已经远离了。

诸行若灭者，是事终不然；
众生若灭者，是事亦不然。

如果对方又认为：轮回就是存在的，因为与其相违的涅槃存在。

但是，你们所谓的涅槃也是不成立的。因为诸行与众生的本体是根本不存在的。即使它们的本体存在，则无论恒常还是无常，涅槃都不可能存在。

首先，诸行可以涅槃的论点，是无论如何也站不住脚的。如果诸行是恒常，则不会发生转变，（也就不会有涅槃；）如果诸行无常，在一刹那间就会毁灭，则可以依据前面已经宣说过的，对其进行观察的方法进而予以破斥。

其次，如果按照前面的方式进行抉择，众生以及不可言说的我，也无论如何不可能有涅槃。

己二、遮破束缚与解脱：

诸行生灭相，不缚亦不解；
众生如先说，不缚亦不解。

如果对方又认为：你们虽然破斥了轮回与涅槃，但束缚与解脱是存在的，因为束缚与解脱成立，所以轮回与涅槃也应该存在。（众生不就是因为）被贪爱等烦恼所缚，从而深陷三界不得逃脱的吗？

但是，束缚与解脱并不存在。首先，如果诸行是恒常的，人们就很容易通达不存在束缚与解脱的道理，在此也就不必宣说了。

其次，如果诸行是第一刹那产生，第二刹那毁灭的有法，则在之前不可能被烦恼所束缚，之后也不会存在解脱。因为诸行在一刹那间已经产生，既然已经成立，就没有机会再变成异体的他法。

就像前面观察诸行的方法一样，众生也是既不存在束缚，也不存在解脱。

若身名为缚，有身则不缚，

无身亦不缚，于何而有缚？

如果对方又提出：但是，能束缚的因——贪爱等近取是存在的，所以众生的束缚存在。

（如果这种束缚存在，我们可以反问，）众生是被什么所束缚？如何被束缚的？众生是在身体本身已经具备了束缚，还是在身体本身已经远离束缚的情况下被束缚的呢？

如果是前者，则不应该有束缚，因为已经被束缚了；如果是后者，也不应该有束缚，因为（远离束缚本身已经与束缚）相违，如同（不可能被束缚的）善逝如来一般。

如果对方提出：贪爱等近取身本身就是束缚。

如果是在身体本身已经具备束缚的前提下被束缚，则不应该有束缚，因为（已经被束缚，若要再次被束缚），则毫无意义。

如果是在身体本身不具备束缚的情况下被束缚，也不应该有束缚，因为（该身体）如同佛陀一般，无法被束缚。

而除此之外第三种所束缚的对象又并不存在，那么该（近取身）又会在什么时候被束缚呢？根本不会被束缚。

就像因为铁镣之类可以捆缚的东西在之前存在，所以被束缚的天授可以被束缚一样。如果能束缚的贪爱等在之前存在，束缚也应该存在。

但是，束缚仍然是不会存在的。因为所依不存在，所以能依也不会存在。还有，如果之前束缚已经存在，就没有必要与所束缚的对象发生关系，既然束缚已经与所束缚的对象成立为不同的他体，就没有束缚所束缚对象的必要。

若可缚先缚，则应缚可缚。
而先实无缚，余如去来答。

如果在所束缚的补特伽罗存在之前，存在能束缚的贪爱等近取，则束缚也可以存在。然而，这些能束缚的贪爱并不存在，因为所依不存在。

破斥对方的其余论据，在通过观察已去、未去以及去时，从而破斥去法的时候已经做了表述，即可以用“已缚无有缚，未缚亦无缚”等等方式，只需在词句上稍作变动即可。

缚者无有解，不缚亦无解，

缚时有解者，缚解则一时。

如果对方提出：虽然你们已经破斥了束缚，但是，与束缚相违相伴的解脱却存在，所以，束缚还是应当成立。

解脱也不可能存在。首先，如果已经被束缚，则不可能解脱，因为此二法相违；其次，如果没有被束缚，也不会再次被解脱，因为已经解脱了。如同不存在被镣铐所缚者，则不存在从中解脱一样；如果认为是在束缚的同时而获得解脱的话，则有相违的束缚与解脱二法在同一时刻出现的过失。

己三、驳斥其他过患：

如果对方提出：倘若束缚与解脱不存在，则为了有朝一日从轮回苦海中脱离，获得不存在人我近取的无余涅槃，而潜心修道等也就不合理，修行等也就成了毫无意义。（所以，束缚与解脱还是应当存在。）

因认为诸法无有自性，犹如幻觉等是颠倒邪见，而将获取涅槃者执为我，将所获取的涅槃执为我所的萨迦耶见[1]，也是涅槃的障碍，下面将就此理进行宣说：

若不受诸法，我当得涅槃。

1 萨迦耶见：坏聚见。

若人如是者，还为受所缚。

那些自以为“不存在人我近取也就是涅槃，我在将来要获得这样的无余涅槃”，并对此念念不忘之人，对我与我所的见近取执著，完全是极大的颠倒分别妄念。只要这些人没有舍弃此等念头，并任其在头脑中存在，他们就绝不会获得无上的解脱。因为只有放弃执著，才会获得解脱。

涅槃无有生，轮回亦无灭，

岂可为轮回？涅槃岂安立？

（原译：不离于生死，而别有涅槃。实相义如是，云何有分别？）

为什么呢？因为，所谓的“涅槃”，也就是指欲解脱者在将此等一切彻底抛弃之后，以证悟无倒实相之智而彻见的，在胜义实相当中，既不存在新诞生的“涅槃”，也不存在以前有而后来又被灭除的所谓“轮回”之法性。既然如此，又怎么能成立所谓的“轮回”，所谓的“涅槃”又如何安立为有呢？轮回和涅槃都是根本不存在的。

《中观根本慧论》之第十六观缚解品释终

十七、观业品

丁十七（观业品）分二：一、经部关联；二、品关联。

戊一、经部关联：

经云"何为圣者种性？彼等无业，亦无业之异熟"等，宣说了无有业果的道理。

戊二、品关联：

如果对方首先发难：轮回是存在的，因为轮回与业果的关系存在。如果所依的轮回不存在，则轮回与业果之间也不应该存在联系。如果积业者与受业者之间毫无关联，那么今世所造的业，又怎么可能在来世成熟呢？

为了证明业因果无有自性而宣说本品。

此品分三：一、随说他宗；二、对方避免常断边之理；三、驳斥无咎之回答。

己一（随说他宗）[1]分二：一、略说业；二、广说业之分别。

庚一、略说业：

人能降伏心，利益于众生，

是名为慈善，二世果报种。

1 本科判与下一科判均为对方观点，因内容较广，且涉及对方所破之观点，故未更改字体，望详察。

所谓的业因果究竟是指什么呢？

首先，如果补特伽罗人我能够断除三门之恶行，行持四摄等利他行为，并以慈悲之心善待他众，像这样的思想行为也就是善法。该士夫的此等善行，将成为成熟后世悦意果报的种子，因为前者为后者之不共因。犹如由稻谷种子产生稻谷苗芽一样。

其次，我们应当了知，如果反其道而行之，对趋入恶行毫无戒备制止之念，并以妨害之心损伤他人就是非法。

所谓法的名称，也就是以护持自己的法相，拯救于恶趣之中，以及出脱于五道轮回并从而获得解脱涅槃三种含义而安立的。此处所指的“法”，即为第二种含义。

庚二（广说业之分别）分二：一、略说；二、广说分别之相。

辛一、略说：

大圣说二业，思与从思生。
是业别相中，种种分别说。

趋入真如法性的大圣者仙人——圆满正等觉佛陀，将业归纳为两种。如经云：“思业即为意业，由思而生之思已业即为身语之业。”关于业的分别之相，在其他经论当中也有种种分别之说，下文将进行详述。

辛二、广说分别之相：

（业的种类可以划分为：）言说表明善与不善语言词句的语有表色业，

与善与不善身体行为的身体有表色业两种有表色业；以及永不断除杀生等行为的非律仪无表色，与永断恶行的律仪无表色两种无表色业；处中律仪的无表色业也分为善与不善两种：第一种，是指在向僧众供奉庙宇等等之后，乃至（该善业之果的）福德受用尚未间断之间，属于该作者的善无表色业之相续就不会中断；第二种，是指在建造杀生房屋之类的行为之后，乃至（该恶业之果的）非福德受用尚未间断之前，（属于该作者的）处中律仪不善无表色业就会始终存在；加上前面所有（共计六种）业的等起，也就是使善与不善之业现前的行思之业共有七种业。

佛所说思者，所谓意业是。
所从思生者，即是身口业。

究竟什么样的业，就是佛陀所说的“思业”呢？我们承许：所谓的“思业”，也就是指意业；究竟什么样的业，就是佛陀所说的“思已业”呢？我们承许：所谓的“思已业”，也就是指如果没有思维，也就不可能成立，因的名称是以果而安立的身语之业。以上所讲的，就是以三门所造的三种业。

身业及口业，律仪非律仪，
及其余无表，亦善亦不善。

（原译：身业及口业，作与无作业，如是四事中，亦善亦不善。）

语言（之有表色业），身体行为（之有表色业），加上不舍弃不善行为的“非律仪无表色业”，以及舍弃不善行为的“律仪无表色业”，都可以划分为（善与不善）两类。同样，在律仪无表色业与非律仪无表色业之外的处中律仪无表色业，也可以划分为善与不善两种。

从用生福德，罪生亦如是，

及思为七法，能了诸业相。

从享用而产生福德，以及如同从享用而产生福德的道理一样的，（从罪业而产生的）非福德，再加上行思一共有七种业，就是我们所承许的业分别相。

己二（对方避免常断边之理）分二：一、设立辩论主题；二、宣说避免过失之答案。

庚一、设立辩论主题：

业住至受报，是业即为常，

若灭即无常，云何生果报？

他宗有人兴论道："倘若该业在果报尚未成熟之前，能够始终安住，该业就应成为恒常之业；倘若该业像种子被烧焦一样已经灭尽，则业果也应该像苗芽一样被灭尽，不可能有一星半点。既然如此，业果又怎么会产生呢？"

在观察直至业果成熟之前，作为因的业究竟是始终安住，还是并没有安住的有关争论方面，声闻乘部分承认相续存在的宗派[经部]，以及部分承认不失坏法存在的宗派[有部]认为：承认后一种答案就没有过失。并罗列了下面各种理由来避免常断之过。

庚二（宣说避免过失之答案）分二：一、经部避免过失之理；二、有部避免过失之理。

辛一（经部避免过失之理）分二：一、遣除常断之理；二、宣说业果。

壬一、遣除常断之理：

如芽等相续，皆从种子生。
从是而生果，离种无相续。

苗芽、根茎以及枝叶等等的相续，首先都是因为种子存在，才能由其而产生的，果实也随后而从该相续中产生。如果离开了种子，则果实等也无从产生，也就不可能存在。所以才用此方式建立了因果的关系。这样就不会有常断的过失。

从种有相续，从相续有果。
先种后有果，不断亦不常。

因为，我们说的是从种子的灭尽而产生相续，从相续的灭尽而产生果实，种子在果实产生之前必定已经存在，果实也随着因的存在而产生，所以就不会是断灭；又因为因法种子已经灭尽，所以也不会是恒常。

如是从初心，心法相续生。
从是而有果，离心无相续。

如同前面的比喻一样，任何善恶的心相续，都是从心法等业中产生的，随后又从此等相续中产生了苦乐的果报。如果不存在心法之类的业，其结果心的相续也不可能产生，而成为必定无有之法。

从心有相续，从相续有果。

先业后有果，不断亦不常。

这又是为什么呢？因为，我们说的是从心法等业中产生善恶的心相续，从善恶的心相续中而又产生苦乐果报。业在果报产生之前一直存在，直至异熟果报成熟之后才会灭尽，所以既不是断灭，也不是恒常。

壬二、宣说业果：

能成福业者，是十白业道。

二世五欲乐，即是白业报。

关于善业的真正含义，有下面三种解释：正在造作（善）业道的正行，即为白业，该业圆满之后即称为善法；或者按照前面所讲的律仪、饶益、慈悲之心三者，也可称之为善法；另外，善法也可以指一般的共同善行。

十善法的白业之道，是修（福德）正法的方便。修正法的（白业）果报，是在今生以及来世享受色、声、香、味、触五种悦意欲乐。我们还应该了知，造作非法的果报，是与修持善法完全相对立的。

辛二（有部避免过失之理）分二：一、宣说他宗之过；二、建立自宗。

壬一、宣说他宗之过：

若如汝分别，其过则甚多。

是故汝所说，于义则不然。

如果按照对方的说法，而建立承认业果相续的观点，就会有极大的过失和极多的过失。

对方认为：如同从种子苗芽等等当中，最终只能产生与其相续一致的果实，比如从稻谷的种子中，就只会产生与其同类的果实，而不会产生异类之果一样，从善法等等的心相续中，也只能连续不断地产生同类的果报。从三界与六道各自补特伽罗的业中，也应该产生与自身相续同类的果报，而绝不会产生不同的其他果报而使相续中途间断。如果相续间断，就有相续不存在的过失，所以是不合理的。

如果对经部刚才以喻义结合方式所陈述的观点进行观察就会发现，如果承认对方的观点，就会有除了同类以外，不能有不同类来进行间断等众多的、极大的过患[1]。因此，在对方试图用自己所建立的观点进行回答，以避免有关解释业因果的常断之过的时候，他们却无法自圆其说。

壬二（建立自宗）分三：一、略说；二、广说；三、摄义。

癸一、略说：

1 对此，果仁巴论师认为："如果这样，则无论善、不善、无记，欲界、色界、无色界，还是有漏与无漏，天人与人的相续就只能产生善法（等一种法），而不会出现不善法（等其他法，但其中的错误是显而易见的，因为前一刹那为善，后一刹那因产生不善心而将善法中断的情形是随处可见的）。"

如果对方提出：既然如此，那么如何回答就可以避免臆说妄论之过呢？

善逝佛陀及其眷属曾说过：所谓“不失坏业”是指所作的作业虽然已经消失，但在作者的相续中却产生了“不失坏法”，即不相应行，如同签订了欠债的契约一样。业就如同所欠的债务，而“不失坏法”就如同债券契约，该契约一旦签订，即使借出的财物被享用消耗掉，但总有一天，债主可以连本带利一并收回。

同理，虽然所作的作业已经消失，但以“不失坏法”，就可以使造业者承受与业力相应的果报。

如同在债权人将财物收回以后，残存的字据无论是否存在都无所谓，凭它不可能再一次收回什么财物一样。异熟果一旦成熟，不失坏法无论是否存在都毫无用武之地，绝不可能使异熟果再次成熟。

这种不失坏法，因欲界、色界、无色界与无漏界的差别而分为四种。虽然因所属界类的划分而安立为有漏与无漏，但其本体却是无记的，因此，既不是有漏，也不是无漏。说它不是有漏是指它并非有漏之业，但总的来说，它还是属于有漏的范畴，因为是所断。它也不是善法与不善法，因为在离贪者与善根中断者两种相续中都存在。

即使断除了诸业，也不能断除不失坏法。比如，见道的圣者虽然断除了凡夫之业，但我们却能在圣者阿罗汉身上看到凡夫之业的功效，这一切，都是不失坏法存在的缘故。

但不失坏法却属于修断；另一种说法认为，（不失坏法）是从属于剥离于三界的寂灭之道的所断，以及彻底脱离于三界的所断；还有一种说法认为，（不失坏法）虽然不是无漏的所断，但却必须存在，难道不是这样表述的吗？

今当复更说，顺业果报义。
诸佛辟支佛，贤圣所称叹。

所以，自宗的诸佛、辟支佛以及声闻乘的贤圣们，都对这种业果关系的安立远离常断的理由赞叹不已。

癸二（广说）分五：一、宣说不失坏法之喻；二、宣说不失坏法之本体与分类；三、宣说不失坏法之断除[1]；四、安立债券生灭之理；五、宣说以本体而分类。

子一、宣说不失坏法之喻：

不失法如券，业如负财物。

不失坏法究竟是怎样的呢？有关它的比喻又是怎样的呢？不失坏法就像世间人借贷的债券，不失坏的业就像所借的债款，而业力的成熟就如同收回欠款。

此颂还有另一种说法：“业与不失法，如欠款与券。”也说明业就像所欠的债款，不失坏法就像债券一样。

总之，因为业如同所欠的债款，在产生之后立刻就消失了，所以不会

1 此科判标题在藏文版中缺漏，此处根据其内容增补。

是恒常；而以如同债券的不失坏法，总有一天会将业果连本带利一并收回的缘故，所以又不会是断灭。

子二、宣说不失坏法之本体与分类：

此性则无记，分别有四种。

这种不失坏法因所属界之差别，而分为属于分别三界以及无漏界共计四种。因为其本体或者自性既非善法，也非不善法，所以是无记法。

子三、宣说不失坏法之断除：

见谛所不断，但思维所断。

以是不失法，诸业有果报。

见道者虽然断除了凡夫之业以及见道之断，却并没有断除不失坏法。因为（不失坏法）属于修断[思维所断]，所以即使断除了见断，也不能断除前面所造之业的不失坏法。虽然业已经灭尽，但该业的不失坏法之相续却不会毁灭。

按照以上所陈述的理由，可以得出结论：圣者与凡夫以前所造的善与不善之业，因不失坏法的作用，就不可能使悦意与不悦意的业果失坏，并一定会产生。

因见断故断，业灭彼亦灭。

则得破业等，如是之过咎。

（原译：若见谛所断，而业至相似。则得破业等，如是之过咎。）

如果因断除了见道所断，就能将不失坏法断除，并可以毁灭业，即以前面所造的不同种类业，所产生的前面的不失坏法之相续也会毁灭。这样一来，则有该（见道者）之业果就会灭失，其他没有造作该业的（补特伽罗）却需要承受该业果，以及业也会失坏等等的种种过咎。

也就是说，这样承许就有圣者无需感受异熟果，而凡夫即使没有作业，也必须承受业果，以及业果不存在的过失。

子四、安立债券生灭之理：

一切诸行业，相似不相似，
一界初受身，尔时法独生。

（原译：一切诸行业，相似不相似，一界初受身，尔时报独生。）

在欲界、色界以及无色界中，包括所有属于同界的善业等同类或者相似的业，以及互不相似的善与不善之类的业，所产生的众多不失坏法，在受身之时，就将各自（不失坏法）舍弃，而在（现在投生的）该界，单独只得到了（不失坏法的）得绳，从而使其得以产生[1]。

1 此处说法与鸠摩罗什的颂词原译略有不同，但与僧成论师的观点一致。而《般若灯论释》中，此偈译为："一切诸行业，相似不相似，现在未终时，一业一法起。"未论及受生之时不失法的产生过程。印顺法师的《中观论颂讲记》与鸠摩罗什观点一致，认为此处生起的是果报。如云："最「初」生起「受身」，「尔时」就唯有某一种果「报」单「独」的「生」起；其他的业，暂时不起作用，再等机缘。果报现起，保证业力的不失法，也就过去不存在，而唯有此果报身的相续受果了。"

如是二种业，现世受果报，

或言受报已，而法犹故在。

（原译：如是二种业，现世受果报，或言受报已，而业犹故在。）

现世所受的一切果报，因有漏及无漏，或者善与不善的两种思业与思已业，而产生于与该业数量相同的、异体的不失坏法。在以今生所有的不失坏法，使异熟果现前之后，其自身却不会毁灭，而是一如既往地安住，只是对业果的产生不起任何作用，如同（债务偿清之后）残留的债券一样。前世或今生所造之业，在顺现法受[即现世现报]之后也是一样，因为不存在使不失坏法灭失的因，所以在果报现前之后，（不失坏法）仍然不会毁灭。

若度果已灭，若死已而灭。

那么（不失坏法）究竟在什么时候毁灭呢？在证果或者死亡之后毁灭。所谓证果之后的毁灭，可用前面已经讲述过的“但修唯所断”来进行表述；所谓死亡之后的毁灭，可用“一界初受生，尔时法独生”来进行表述。

子五、宣说以本体而分类：

于是中分别，有漏及无漏。

我们还应当了知，（不失坏法）分为互相观待的有漏与无漏二者。

癸三、摄义：

虽空亦不断，虽有而不常，

业果报不失，是名佛所说。

不失坏法不但将因果关系紧密相连，而且与我们所宣说的我所空等道理也存在一定的联系。下面将陈述以不失坏法与业相关联所具有的四种特征：

如果承认我们在前面所宣说的道理，则可以了知，因为所造之业在第二刹那不会安住，所以其本身的自性也不会安住，即为空性；虽然业已经灭失，但是业的异熟相续却不会中断；虽然业不是像河流一般连续不断，（而是在产生的第二刹那已经毁灭，）但六道众生的相续却可以合理存在，因此，森罗万象之三有轮回可以理所当然地存在；虽然在与业相应的异熟果成熟之间，能够始终安住，但却并非恒常[1]的法，就是所谓的“不失坏法”。

因此，诸佛才为我们昭示了具备虽然是空性，却不会间断；三界以及六道众生的轮回虽然存在，却并非恒常四种特点的诸业果报之不失坏法。

己三（驳斥无咎之回答）分四：一、因无自性故无常断之理；二、宣说能损承许自性存在之理；三、破谛实存在之能立；四、名言中如何安立之理。

庚一、因无自性故无常断之理：

既然所谓“业”的存在不合理，那么其异熟果又怎么能够产生呢？针

1 此处与《般若灯论释》的观点有所不同，该论认为，因为存在业的坏灭，所以为无常。如云：“云何不常？业有坏故。”但本论认为，此处的无常，是指不失坏法的无常。印顺法师在《中观论颂讲记》中的观点，与本论一致。如云：“‘虽’然‘有’生死业果的相续，因感果以后，不失法即灭，生死在无常演化中，所以也‘不’是‘常’住的。”
此处列出各派观点，望诸位斟酌。

对因果关系进行辩论的尔等之辈，简直就像因为担心寻香城的毁灭，而苦心竭力地进行保卫的愚蠢之徒一般。

如果在业自身的本体产生之后，直至其相应的异熟果成熟之间，一直驻留不动，就有恒常之过；而一旦消逝殒灭，没有驻留，又有断灭之过。但业是根本不存在的，关于其自性不合理的理由，我们可以用前面已经论述过的观点进行驳斥。

诸业本不生，以无定性故；

诸业亦不灭，以其不生故。

如果对方提出：既然如此，那么佛陀所说的“众生之诸业，百劫不毁灭”，又是为了表达什么样的密意呢？

建立在常断基础之上、虚假名言中的诸业本来没有生，其原因是业本身固有的自性并不存在；又因为业的自性没有产生，所以业在任何时候都不可能毁灭。只有在生法建立的前提下，才能提及毁灭的话题。

庚二、宣说能损承许自性存在之理：

若业有性者，是即名为常，

不作亦名业，常则不可作。

为什么呢？因为，如果业存在自性，则其本身无疑就成了恒常之法，因其自性在任何时候都不可能往他法转变；如果成了恒常之法，则业也就成了无作之法，其原因是恒常之法不可能有作法能够找到切入点。

若有不作业，不作而有罪，

不断于梵行，而有不净过。[1]

如果业是无作之法，那么就会有谁会在根本没有作业的情况下，却要承受无作之果报。这样一来，就成了即使没有造作该异熟果的因——业，也会遭遇无作异熟果的巨大恐慌之过。换句话说，即使没有造作杀生罪业，也会有无作的杀生果报降临到自己头上。

（如果这样承许，就会导致）即使保持圆满清净的梵净行，却因为存在非梵行的无作之业，就使所有的行为都成为非梵行，所以也不能获得涅槃。这样就与自宗的论典及立场完全相违了。所谓“梵”即是指涅槃，“行”就是指为获得涅槃而作的业[2]。

你们如果承许业的自性存在，就会有即使没有行持不善法，也会面临果报灾难，所以（断除不善法）毫无意义，行持梵净行也大可不必等众多过咎。

是则破一切，世间语言法。

作罪与作福，亦无有差别。

这样一来，也就毫无疑问地否定了世间名言中制作瓶子、氆氇的劳作，以及耕耘稼穑等等一切法。因为纵然没有劳作，其成果已经存在，无

1 此处藏文版颂词原意略有矛盾，但果仁巴大师对此的描述为：“沙门虽未作非梵行，但因有非梵行的无作之业，故有梵行染污之过。”与鸠摩罗什颂词原意，以及麦彭仁波切的解释一致，故保留汉文原颂词。

2 此处的译文，为使文意不至于前后矛盾，故删除了藏文原文中与其他注释（包括僧成论师、果仁巴大师等的观点）相左的一句话。望大家详察。

论何时都不可能重新再做。

由此还可以推断出，补特伽罗造作福德之业与造作恶业也成了无有差别，因为所有的善恶之业已经存在，无论何时都不可能重新再做。

受于果报已，而应更复受。

若言业决定，而自有性者。

（原译：若言业决定，而自有性者。受于果报已，而应更复受。）

这样还有在业的异熟果报已经成熟之后，还需要再三地承受异熟果报的过失。若要追究这一切过失的原委，就是承许业的自性存在的缘故。如果作为因法的业并没有（因为果的产生而）消失，而是一直存在的，我们就不能否认（新）果法的产生。

庚三（破谛实存在之能立）分三：一、破因法烦恼；二、破异熟果法；三、破承受者。

辛一、破因法烦恼：

若诸世间业，从于烦恼生。

是烦恼非实，业当何有实？

如果对方提出：业就是存在的，因为业的因法烦恼存在。如果业不存在，则其因也不应该存在，如同用龟毛缝制的衣衫一样。

如果世间的诸业是依靠烦恼而产生的，则在烦恼不存在的前提下，有漏的业也遍是成立不存在。以宗法无有烦恼的能立，也可以成立业不存在的结论。而作为因法的这些烦恼，却是因缘起而生，并非真实存在的。如果这些烦恼不是真实存在的，其具因者［果法］——业又怎么可能真实存在呢？

关于烦恼不存在的道理，首先在前面破生的时候已经予以了遮破，然后在第六品中又遮破了烦恼的本体。下面，我们将以可爱与可憎等方式进行遮破：

辛二、破异熟果法：

诸烦恼及业，是说身因缘。
烦恼诸业空，何况于诸身？

如果对方提出：业以及烦恼是存在的，因为其果法异熟身存在。

经书中所宣讲的“业以及烦恼，是诸异熟身成立之因”的观点，只不过成立于名言当中，在胜义中却并非如此。

既然已经证明了业以及烦恼二者的自性为空，又怎么可能言及以前者为因的异熟身呢？换言之，既然作为因法的业与烦恼都是空性，又怎么可能堂而皇之地高谈阔论所谓“彼等之果法——异熟身”呢？实在是毫无道理！

辛三、破承受者：

无明之所蔽，爱结之所缚。
而于本作者，不异亦不一。

如果对方提出：业是存在的，因为其异熟果的承受者存在。如果业不存在，那么（承受者）又怎么会承受其异熟果呢？如同虚空中的芒果一样。

但承受者也并不存在。这样的所谓“承受者”，是指智慧之眼被无明所遮障的凡夫，因为具备了贪爱外境的束缚，所以才会成为有漏之业异熟果的承受者。

这个承受者既不可能是该业作者之外异体的他法，也不应该是该业的作者。因为作业与异熟果报成熟并不是处于同一时刻，而在作者之外的他法身上，又不可能使果报成熟。

业不从缘生，不从非缘生。

是故则无有，能起于业者。

如果对方提出：因为不可言说一体异体的承受者存在，所以业也是存在的。

但业并不存在。因为业并不是从因缘而生，关于此理，在《观因缘品》中已经进行了详细阐述；而业也不是从非缘而生，其道理在《观作与作者品》中已经予以了破斥，所以业并不存在。因为业不存在，所以业的作者也不会存在。

无业无作者，何有业生果？

若其无有果，何有受果者？

如果所作之因——业，以及其作者两者都不存在，那么由业而生的果又怎么可能存在呢？如同空中的树木所生之果实一样。

如果所承受的果报并不存在，承受者又怎么可能存在呢？

庚四、名言中如何安立之理：

如世尊神通，所作变化人，
如是变化人，复变作化人。
如初变化人，是名为作者；
变化人所作，是则名为业。

如果对方又提出：连佛陀都说过“自作业之异熟，由各自承受”，你们这样安立诸法无有自性的观点，岂不是在毁谤业果？你们（这样承许，）简直成了彻头彻尾的“空无派”首脑了。

《显句论》中云：“吾等并非‘空无派’，吾等遮破有无二者，乃为开显趋往涅槃城之无二道。吾等未言无有业果作者，仅言其无有自性。若以为无有自性，则能作所作非理。然若有自性，则能作所作愈发非理。唯自性无有，能作所作方能合理。于此理，尚可以喻说明。”《般若灯论》也云：“犹如幻化师，以精湛幻技，幻化复幻他，彼幻复他幻。作者作作业，亦同于幻术。”这些教证说明，本师佛陀以无量圆满之神通幻化出根本之幻化，此幻化于幻化之后，复又幻化为他法。按照《显句论》的观点，一共做了两次幻化。

另一种观点认为，该幻化又化作他法，支分的幻化又再一次幻化。这三个层次的三种幻化依次与作者、所作之业以及异熟果三者相对应。

也就是说，如同该幻化又化作其他的幻化之法，支分的幻化又再一次幻化为另一个他法一样。无有自性的作者以及所作之业也同这些幻化是一样的。譬如，如同幻化的作者，其所作之业以及异熟果报，也像幻化之法所幻化出的他法一样。

诸烦恼及业，作者及果报，
皆如幻如梦，如焰亦如响。

同理，诸烦恼以及业，异熟之身心，诸业的作者补特伽罗，还有异熟之相续等等一切果报，其本体都不可成立。正当显现之时也犹如寻香城[幻]、犹如阳焰、犹如睡梦中的现象（犹如谷响），即使显现，其自性也了不可得。

《中观根本慧论》之第十七观业品释终

十八、观我法品

丁十八（观我法品）分二：一、经部关联；二、品关联。

戊一、经部关联：

经云“色法以我及我所空”等，宣说了无有人我以及法我的道理。

戊二、品关联：

如果对方提出：如果业、烦恼以及作者等等犹如寻香城等，世间凡夫被非真如性的现象所蒙蔽，那么请问，所谓的“真如性”究竟是什么呢？又如何趋入该真如性呢？

因为内外的一切法不可得，若能穷尽对我以及我所的一切执著，也就是真如性。要趋入真如性，就应当了知一切过咎的罪魁祸首，也就是萨迦耶见。为了观察此见而宣说本品。

此品分三：一、趋入真如性之次第；二、宣说真如性之法相；三、修习真如性之果。

己一（趋入真如性之次第）分三：一、破我与我所；二、以穷尽执著而获解脱之理；三、驳斥与教相违。

庚一、破我与我所：

佛护论师认为：“第十八品旨在宣说真如之性，故如同精髓一般。”

若我是五阴，我即为生灭；

若我异五阴，则非五阴相。

如果以俱生我执而执著的我存在，则应当观察其究竟存在于与五蕴为一体，以及异体的何种情况之中。

依照《观如来品》以及《观燃可燃品》等各品中观察对方观点所采用的方法，在这里将其问题进行归纳后，从两方面进行观察。

如果是第一种情况，即如果我就是五蕴，我就成了有生者、有灭者以及众多者，而不是取受者了，因为我与五蕴的本体无二无别；如果我与五蕴为异体的他法，我就不具备五蕴的法相——生、住、灭三者了。如果这样承许，就有我成了无实之法，即无为法的过失。我如果是无为法，就不存在稍许本体，如同空中的鲜花一般。如果是恒常的，则为了自我利益，而做的一切努力都无有价值。

若无有我者，何得有我所？

灭我我所故，无我我所执。

（原译：若无有我者，何得有我所？灭我我所故，名得无我智。）

因此，既然我的本体不存在，又怎么会存在五蕴等我所呢？因为我所也是倚赖我而安立的。既然所缘境——我与我所的实有不可得或者自性已经息灭，有境者我执与我所执二者也就随之而息灭，绝不可能存在。

庚二、以穷尽执著而获解脱之理：

得无我智者，彼等不可得。

无我我所执，见者亦未见。

（原译：得无我智者，是则名实观。得无我智者，是人为希有。）

如果对方提出：因为现见我执与我所执不存在的瑜伽士存在，所以我还是可以成立。

现见我执与我所执不存在的瑜伽士，也不能存在于我与五蕴二者之外，所以也不能以我的自性者而存在。谁能现见我执与我所执不存在呢？包括瑜伽士都不能见到自我。

因此，那些言及“现见我执与我所执不存在的瑜伽士以自性而存在”的尔等之辈，既不能彻见真如法性，也无力抛却萨迦耶见。一切烦恼的根源就是萨迦耶见，如果没有萨迦耶见，则断尽了取受，也就不会再有业的积累，所以也不可能再投生了。

为什么呢？因为业和烦恼的源泉，就是这些分别念，烦恼就是由可爱、可憎以及颠倒非理作意的分别念而产生的，所以其本体不存在。非理作意的分别念，来自于无始以来对能知与所知、能诠与所诠、瓶子与氆氇、男人与女人、可得与不可得等等诸法的耽执戏论之串习。针对实执的戏论，可以用彻见此等外境为空性的智慧进行破除。

打一个比方可以说明这一点，因为石女的女儿不存在，所以就不会产生“此人是女人”念头的戏论。既然没有这种念头，就更不会萌生“她是清净可人的”等等之类悦意的、自性可得的非理作意。如果没有这些非理作意，就不可能对石女的女儿产生贪执。如果没有贪执之念，也就不会有准备与之接触等行为了。（下面将以解释颂词的方式来归纳上述道理：）

内外我我所，若尽灭无有，

诸取即为灭，取灭则生灭。

（原译：内外我我所，尽灭无有故，诸受即为灭，受灭则身灭。）

同样，如果能将对于内执受的五蕴，以及外摄受的诸法，依次执为我与我所的萨迦耶见灭尽，就能遮破包括欲取、见取、戒禁取以及我语取在内的四取。如果此等四取能够灭尽，则具备三有之相的受生也会随之而灭尽。

业烦恼灭故，名之为解脱。

业烦恼非实，入空戏论灭。

既然流转的因业与烦恼已经灭尽，则可称之为解脱。业与烦恼产生于非理作意的分别念，而这些分别念又产生于种种名言相的戏论。对于所谓的戏论，只有以彻见无有自性的外境之相不可得，我与我所等为空性的智慧方能灭尽。

如果没有破除执相的戏论之边，即使不执著于诸法的成实，却不能遏制对诸法以及诸法之相的执著分别念。

因此，虽然在圣者的根本定当中，不存在成实的二现。但如果不分别相的智慧，仅仅是对成实的三轮不分别，则以这样的不分别智慧，虽然对成实没有分别，但因为没有破除无我以及内外器情世间等等的一切万法之相，又怎么能寂灭一切戏论呢？因为仅仅破除了成实的戏论，却没有破除除此之外的任何戏论。就像认为世间万法仅仅像兔角般不存在一样。

彼等之人虽然明知无实，却执著于断除成实之相，这也是一种无实的戏论，并不能遮破瓶子等内外器情世间一切万法的戏论。

因此，无有分别的智慧，是没有任何相之戏论的，它远离一切戏论，而不是仅仅远离了成实的戏论。任何人只要有戏论的所知境，虽然不会执著其违品，却因为没有遮破违品本身之外的一切戏论，所以仍然执著于无实，而不能脱离于戏论。

没有丝毫相之戏论的，就可称之为“无缘”“无分别智”以及“离戏”。从实相角度而言，是没有任何承认与可得的。

那些受宗派掣肘而做的破斥、建立、断除与安立等一切行为，因为没有超离于戏论，所以都是有承认的。

因此，所谓的戏论，包括相之戏论以及成实戏论，这些都是戏论的分支，属于邪慧（分别念）之境。无实与无相有着天壤之别，了知这一点极为关键。缘于法的因，即为该法以及该法之相，此相如果能成立为空性，则所谓清净与肮脏的分别妄念，也就成立为不耽执于该法以及该法本体的空性。此空性一旦成立，则无有对该法的取舍之愿，这一要点至关重要。

庚三、驳斥与教相违：

诸佛或说我，或说于无我。

诸法实相中，无我无非我。

如果对方提出：按照你们的说法，倘若内外诸法无有我及我所即为真如性的话，又怎么能不与佛陀所说的“自为自怙主，他人焉能怙，若善调自续，智者趋善趣”等言教相违呢？

（其实这一切并不相违。针对这一点，）我们应当用心推敲佛陀所说的“无我及众生，此法具因缘”以及“我法非色法”等等言语的真实密意。佛陀在某些时候，为了诱导执持空无见的顺世外道等宗派的教徒，在对我法下定义的时候，安立了我法存在的概念；有时为了破除人们对萨迦耶见的耽执，又强调了无我；有时针对有前世修行的串习，对甚深之法充满了恭敬之情，临近涅槃，获得了远离贪执的境界，并能对佛陀的殊胜甚深之法有所领悟的、上等根器之所调化者，诸佛又教诫道：我以及断除所破的无我二者，都丝毫不存在。为什么呢？因为，如同我法之见是非真实的一样，该见的对治无我也是非真实的。所以，我法无有毫许存在，无我也不会有毫许存在。如经云：“迦叶，我者乃为第一边，无我者乃为第二边，此二边之中道即为无色无诠……”《宝鬘论》也云：“如是我无我，实有不可得，是故佛尽遮，我无我二见。”

正如《显句论》所云：“于所调之低劣、中庸以及殊胜之不同根基，而依次应机施教。”圣天论师也云：“先遮遣非福，中应遣除我，后遮一切见，知此为智者。”又如经云：“犹如学文法，从字母入手，诸佛于众生，仅宣堪忍法。”《般若经》也云：“说有我者，不可行于般若波罗蜜多之境，说无我者亦复如是。”以及“虽悟此蕴空，菩萨住于相”等都证明了这个道理。

如果对方又提出：既然诸佛于我与无我二者都没有宣说，那么又宣说了什么呢？

如果在胜义中的随一所诠等存在，则所谓的“宣说”也可以存在。但是在任何时候，所宣之词的对境都不存在，所以诸佛什么也没有宣说。

为什么没有宣说呢？

因为，如果心的某一行境存在，则可以宣说，但这种所宣言辞的趋入之境都不存在。（又怎么可以宣说呢？）

为什么心的行境不存在呢？

因为远离了生灭二边。

由此可见，在世俗名言中，如果具有善巧方便的佛陀没有以方便之法对不可思议的法性进行诠释，又有谁能够现量证达呢？谁都无能为力。所以，佛陀首先遵循世间法则，建立了区分器情世间因果差别等等的一切蕴界处存在的论点，并认为与其相一致的观点都是真实的；随后又宣说了“一切非真实”的观点；针对部分所调化者，又宣说了这两种观点；观待于有少许残余的此二见串习遮障没有放弃的所调化者，为了让他们通晓真如法性，又宣说了二者皆无的道理。对于除却了一切遮障的所调化者而言，就无需可说了。

诸法实相者，心行言语断，

无生亦无灭，法性如涅槃。

因此，在胜义当中的（诸法实相），是遮断了一切言语，即以任何言语都无法表达的。如果追问其缘由，则是所缘心的行境已经被遮断了的缘故。

为什么被遮断了呢？因为一切法无生无灭的寂灭法性，是等同于涅槃的，不属于言说以及分别念之境。

一切实非实，亦实亦非实，

非实非非实，是名诸佛法。

既然如此，那么世间的名言法又是如何宣说的呢？

世间名言法的具体宣说方式是这样的：首先针对钝根者，为了令其依照次第趋入真实之道，而宣说了诸蕴等等一切万法都是真实实有的理论。之后为了令其舍弃这些耽执，又阐述了这一切并非真实的道理。

其次针对中等根基者，为了令其将前两种耽执一并抛弃，而宣说了在名言中真实存在，在胜义当中却并非真实的两种道理。

针对利根者，为了驱除一切戏论之边，从一开始，就宣说了既不是真实，也不是非真实的，远离一切边戏的道理。

因此，诸佛为了对应所调化者的智慧水准，采取随机宣说或次第宣说的诸种方式阐演了佛陀之圣教。这一切教言，都是证悟真如法性的方便之法。

己二、宣说真如性之法相：

自知不随他，寂灭无戏论，

无异无分别，是则名实相。

如果对方提出：那么，所证悟的真如法性又是怎样的呢？

我们已经宣说过，它是超离于一切思维与诠说的。

但总应该随顺世间名言而说明其法性吧。

用因以及比喻等等所作的描述，他人不论怎样也是不能完全通达的。如同向有眼翳者描述没有眼翳的景象，即使用尽浑身解数来表达他们不能现见其本体的，无眼翳者之所见，他们也无法完全领会，最多只会产生一个自己所见这一切，都是颠倒的分别念。只有用清除眼翳的药物将眼翳彻底清扫以后，真实的情形才会一目了然一样。

所谓“真如性之法相”，应当具备以下五种法相：（一）虽然圣者们以语言文字描绘了真如实相，但是，用比喻、因以及言词等等来加以描述，他人无论如何也不会通晓与承受；（二）寂灭了四边自性；（三）无有“此法与彼法”等语言戏论；（四）如同经中所云“若无心之行境，言语岂能解述”，所以不存在任何的所缘有境分别妄念；（五）其义并非相异个体的平等自性。以上特征就是真如的法相，这样的真如，也叫做圣者的真如性。这些特征是以后后来解释前前的。

若法从缘生，不即不异因。

是故名实相，不断亦不常。

如果仅仅随顺世间名言，真如法性就是依某法之缘而产生某法，如同因为苗芽既不是种子，也不是种子之外以本体成立的异体他法，所以既不是断灭，也不是恒常。

不一亦不异，不常亦不断。
是名诸世尊，教化甘露味。

世间怙主诸佛所宣说的，永断老死的甘露一般的甚深真如法性，既不是一体，也不是异体；既不是断灭，也不是恒常，彻底远离了一切边戏。

种子与苗芽之间并非一体，否则会有能生所生为一体等过失，所以不存在种子（不毁灭）而迁移至苗芽的恒常；也并非异体，否则会成为种子不存在而苗芽却依然尚存等情形，所以也没有种子断灭的过失。

归根结底，在圣者根本慧定中，寂灭实相是二谛无有差别，恰似虚空一般的；后得的一切万法都是缘起而生，犹如虚幻，远离常断的。

己三、修习真如性之果：

感悟到真如法性之义的菩萨们，即能究竟五道十地，证达无住涅槃。

作为声闻缘觉种性者，即仅仅以自身的寂灭作为追寻目标的补特伽罗，如果能趋入佛陀所宣说的无我真如法性，就能以该真如法性，而得到永远摧毁老死的涅槃。即使因为善根尚未成熟，而不能在今生获得解脱。

但以今生修行的因缘力，也必定能在他世获得解脱。

若佛不出世，声闻已灭尽，

诸辟支佛智，从无依而生。

（原译：若佛不出世，佛法已灭尽，诸辟支佛智，从于远离生。）

如果对方提出：这不一定，因为有可能在来世不能具足解说真如法性的善知识等因缘。

以修习法性而摧毁三有的真理，在任何时候也是无疑或无欺的。即使圆满正等觉诸佛没有出世，声闻已经灭尽而没有住世，前世修行过的辟支佛之智慧，也会在没有其他导师的情况下产生，即该智慧的产生，无需依靠寻找善知识等其他外缘。

这一切表明，因为真如法性之力量巨大无比，一旦与此甘露妙味相遇，就一定会获得涅槃，这一点毋庸置疑。所以，我们应当像常啼菩萨寻找智慧佛母一样，不惜舍弃身命地去寻求真如法性之义。以上所宣说的，就是声闻行人所理解的真如法性之重大意义。

而作为菩萨，则应当了知（《般若摄颂》所说的）“无量盲人无引导，不能见道入城郭，阙慧五度无眼等，无力能证菩提果”的道理，（一切行为都要以智慧为基础。）如果能对缘起之法进行观察，就必定会获得正等觉之果位，这是任何人都不可阻挡的。

缘觉所理解的真如性，并不是前面通过观察我而灭尽我与我所的智慧。

因此，归纳本品之宗旨，即主要宣讲了两种无我的修法精要。在“业烦恼灭故，名之为解脱”以前，为补特伽罗无我[人无我]的共同观修次第；其后至“不一亦不异，不常亦不断”为法无我的不共修法。

《中观根本慧论》之第十八观我法品释终

十九、观时品

丁十九（观时品）分二：一、经部关联；二、品关联。

戊一、经部关联：

《般若经》云“过去不可得，未来不可得，现在不可得”以及“三时平等性故”等，宣说了时不存在的道理。

戊二、品关联：

如果对方提出：诸法是存在的，因为诸法是建立三时的因。而且，包括佛陀不是也提及过“三时”吗？

为了证明时不成立，本为空性而宣说本品。

此品分二：一、遮破时之本体；二、遮破时之能立。

己一（遮破时之本体）分二：一、观察三时之理；二、以此理亦可遮破他法。

庚一（观察三时之理）分二：一、结合过去而破；二、类推余法。

辛一（结合过去而破）分三：一、遮破观待而成立；二、遮破不观待而成立；三、摄义。

壬一、遮破观待而成立：

若因过去时，有未来现在。

未来及现在，应在过去时。

时间是不可成立的。（我们可以用下面的理由来进行破斥：）

如果现在和未来的自性存在，那么请问它们是与过去相观待，还是不相观待呢？

如果是第一种情况，即现在与未来是与过去相观待而成立的，则成了现在与未来成立于过去时中。如果存在于过去时中，则此二者就有成为过去的过失。

若过去时中，无未来现在。
未来现在时，云何因过去？

如果现在与未来不存在于过去时中，那么现在与未来又怎么与过去相观待呢？如果能观待的法都不存在，却声称“其观待他法而成立”，就如同观待人而成立石女的儿子一样。

所谓的过去，是指瓶子等法在产生之后已经毁灭；所谓的现在，是指产生之后尚未毁灭；所谓的未来，是指可以出现的法尚未出现，或者指该法自身尚未得。它们之间的差别，是以现在的一个瓶子的毁灭、驻留以及能够产生的角度而安立的，而时间自身的本体丝毫也不成立。

壬二、遮破不观待而成立：

不因过去时，是故无二时。

（原译：不因过去时，则无未来时，亦无现在时，是故无二时。其中

中间两句，在藏文版中移至下一科判。）

如果对方提出：现在和未来是不观待过去而成立的。

（如果是这样，）则现在与未来二者自身也不可能成立，如同驴角一样。

壬三、摄义：

既无未来时，亦无现在时。

因为无论是否观待都不可成立，所以现在时与未来时也不可能成立。

辛二、类推余法：

以如是义故，则知余二时。

如前次第观察的道理，也可以沿用至以其余两种时间作为参考对象的观察。即以“若因现在时，有过去未来”等，以及“若因未来时，有过去现在”等进行破斥。

还有，因为这些时间在任何时候都不可能同时相遇，所以本体存在的观待，或者时间自身的观待这两种观待的因都不存在，又怎么能妄言所谓“观待”呢？

庚二、以此理亦可遮破他法：

上中下一异，是等法皆无。

如同抉择三时的方式一样，其他诸如上等、中等、下等这三种法，以及“等”字所包含的善、不善、无记；生、住、灭；前、中、后；欲界、色界、无色界；有学、无学、非二等等与三有关系的一切法都可依此类推。

同样，（以这样的抉择之理，）还可以将一个的诸等之法，甚至两个以及多个[异]的法都完全涵盖在内。

这一切的法无论是否互相观待，都不可成立的道理，可用“若因中等法，有上等下劣”等等推导方式，只需稍许更改词句就可以推知。

己二、遮破时之能立：

如果对方提出：时间就是存在的，因为时间的量[相]存在。如果某法不存在，则该法的量就不应该存在，如同兔角不存在长短一样。但是，因为从刹那、瞬间、须臾，到年、劫等区分时间的量都存在（，所以时间理应存在）。

如果所谓的时间存在，则也应该可以推知时间的量存在，但时间是不存在的。如果该时间作为该刹那前后的基础可以存在的话，则即使所谓“时间”的刹那等（量）已经毁灭，该刹那也应当可以用量来表明。然而，在不驻留的时间上，是无法获得量的，因为在驻留的所得量以外，异体的量不可得；或者无住法以量不可得；或者在驻留的刹那等之外，不存在异体他量。

换言之，如果在某一刹那前后，所有的时间都没有驻留，则该（刹那前后的）量就都不可得，因为这种所得的时间不存在驻留。从刹那的角度进行观察，就可以抉择量不存在。

不住时不得，而于可得时，

驻留不可得，云何说时量？

（原译：时住不可得，时去亦叵得，时若不可得，云何说时相？）

因为以刹那等为基础的时间不可驻留，所以在以量为基础的刹那等（时间）之外，不能得到所谓的正量。而刹那等法自身所衡量的时间，又已经以刹那等方式趋入毁灭。而在其他时候，又不存在驻留。（所以都不能得到所谓的量。）不能得到量的时间，又怎么能安立所谓的量呢？如同兔角的量一般。

因物故有时，离物何有时？

物尚无所有，何况当有时？

如果对方提出：所谓的时间，仅仅是依靠物质而成立的。如果离开作为立因的物质，又怎么可能有时间存在呢？时间绝不可能存在。所谓的时间，并不是在色法等之外以异体的他法而安立，这是千真万确的。也就是说，依靠行色等法，时间才可以存在，也就可以言及刹那等等的时间概念。

但是，所谓的物质都丝毫不存在，那么依靠物质而成立的时间又怎么可能存在呢？因为所依的物质都不存在。

《中观根本慧论》之第十九观时品释终

二十、观因果品[1]

丁二十（观因果品）分二：一、经部关联；二、品关联。

戊一、经部关联：

如经云“世间众所得，皆因和合现，是故无诸法，则无有和合”等，宣说了无有和合的道理。

戊二、品关联：

如果对方提出：时间是存在的，因为它是产生诸法的俱有缘[2]。如同苗芽，是由种子、五大以及时间等因缘和合而产生的。经中也云：“因缘和合时，果报即成熟。”

为了证明和合不成立而宣说本品。

此品分三：一、遮破以因缘和合而生果；二、遮破以因而生果；三、摄以破成立之义。

己一（遮破以因缘和合而生果）分三：一、破于和合后生；二、破与和合同时生；三、破于和合前生。

庚一、破于和合后生：

若众缘和合，而有果生者。

1 本品藏文原意为观和合品，因本意相差不大，为尊重鸠摩罗什原译，未作改动。
2 俱有缘：与近取因共同生果，主要生起非质流部分者，例如生苗芽时具备的水、肥、暖、湿；成为陶罐因素的人工；成为心识增上缘的感觉器官等。

和合中已有，何须和合生？

从因缘的和合中，不应该产生果法。其原因如下：

我们可以追问，该果法是已经存在于因缘的和合当中而生，还是没有存在于因缘的和合当中而生呢？

如果从因缘的和合中，产生了果法，并且在该和合中，果法早已经存在，那么果法又何需从和合中而生呢？因为果法在因时已经成立，所以在后来的和合中，又能产生什么新的东西呢？就像盘子中已经存在（的东西），就不会由盘子产生一样。

若众缘和合，是中无果者。
云何从众缘，和合而果生？

如果果法是从因缘的和合中产生的，并且在该和合中，果法并不存在，那么果法又怎能从因缘的和合中而生呢？因为在和合中果法并不存在，就像沙中不存在芝麻油一样。

若众缘和合，是中有果者。
和合中应有，而实不可得。

如果在众多因缘的和合中，果法以自性而存在，则在该和合中，就应该能以量而得到所谓“该果法”。然而，在和合中却不能以正量得到（果法），因为可现量不可得。

如果对方辩白道：（在众因缘的和合中，）果法是存在的，只是不能

看见而已。因为使其明显的缘不具备，所以才不能看见。（虽然不能看见，但它却是存在的。）

你们怎么能证明它的存在呢？以比量、比喻量[1]还是教证呢？

我们可以用不存在的法不可生的比量来证明。

但你们的这个理由，用已经存在的法也不可生的道理，就足以将其驳得片甲不存。

既然从两方面来进行观察，都可用比量来证明其与理相违，即在和合中有果不合理，同时无果也不合理，那么又该如何定夺呢？

我们并不是要建立在和合中果不存在的观点，只是遮遣了他宗所建立的“在和合中，果法以自性而存在”的立宗。既然在和合中，果法的存在以自性不可成立，那么其他安立“在和合中，果法的不存在以自性成立”的谬论也同样要破除。因为必须将有无二边消除之后，才能建立中观之道。

若众缘和合，是中无果者。
是则众因缘，与非因缘同。

倘若在因缘的和合中，不存在果法。则诸等因缘也就与其他的非因缘一般无二了，因为谁都不存在果法。如果这样，则煤炭与种子，在作为苗芽的因方面也就别无二致了。

1 比喻量：根据已知类似或例证的正确理由，以推测对自己为荫蔽之事物也是这样的例证。如：认为苗芽是谛实无，有如镜中之影像；野黄牛有如黄牛等。

如果对方提出：因为因与非因的差别，是以其所产生的各自分别的果法来确定的。因此，（在因缘的和合中，）果法是存在的。

因为你们的能立等同于所立，所以你们仍然不能拿出具有说服力的理由。

现量可见已经足够，又需要什么其他理由呢？

即使现量可见也不足为道。如果在因缘中存在果，你们的说法就是合理的，但事实并非如此，所以你们的说法不成立。

若因与果因，作因已而灭。
是因有二体，一与一则灭。

如果对方提出：倘若对因果进行观察，则不存在果法。但即使在因缘的和合中不存在果法，也就是说，虽然因不能产生自果，却能通过因果之间的传递提供一种帮助，从而使因法在将能力给予果法后，该因法才灭尽。

也就是说，在承许因果为前后关系的基础之上，尽管在和合中不能存在果，但如果因法对果法没有任何作用，就有无因的过失。所以，纵然因会毁灭，但在对果法的产生没有起作用之前，是不会毁灭的。因为之所以果法能够产生，都缘于因在提供能力之后才趋于毁灭。

因为因果二者不可能处于同时，（如果按照你们的观点，）虽然有一部分因法因无常而致毁灭，但却存在另一部分（因法）在果时停驻而常有的过失。既然果法在因时不存在，那么请问，因法又将能力提供给谁呢？（这种说法不可能成立，）如同不能将食物给予弥勒佛出世时的儿童一般。

如果因法不能给予果法能力，或者因法所提供的帮助不成立，或者因法在没有提供能力时就已经毁灭，则该果法就成了无因。所以，（如果因法能为果法提供能力，）则因法自身就有成为两个的过失，一个是提供能力的因，另一个是已经毁灭的因。

若因不与果，作因已而灭。
因灭而果生，是果则无因。

如果因法在尚未向果法提供能力时，就已经毁灭。也就是说，在因法穷尽而趋入毁灭以后，才产生了该果法，则所产生的果法就会成为无因。

庚二、破与和合同时生：

若众缘合时，而有果生者。
生者及可生，则为一时俱。

如果对方提出：虽然因果为先后的关系不合理，但如果在众因缘和合的时候，果法也一起共同产生，就像以灯而同时产生光亮一般。

（如果这样承许，）则能生［生者］与所生［可生］就如同左右两只角一样有同时存在的过失。这样就互不观待，所谓的因果关系也就不合情理了。

在因法尚未产生以前，就不可能有产生果法的能力。一旦该能力具备，果法也已经成立。如此一来，也就不需要什么因了。

庚三、破于和合前生：

若先有果生，而后众缘合。

此即离因缘，名为无因果。

数论派的论师提出：果法并不是在因缘和合之前原本无有而新产生的。在该法的因缘和合之前，该未来法早已存在，只是随着因缘而将原先已经存在的该法重新引出而已。

如果在因缘和合之前，果法自身的本性已经产生，而丝毫不观待因缘。则该果法在无因的情况下也能产生，这样就有连兔角都会存在等过失。

己二（遮破以因而生果）分二：一、观察因而破；二、观察果而破。

庚一（观察因而破）分五：一、以破因而破生；二、以观察有无关联而破；三、以观察是否现见而破；四、以观察是否接触而破；五、以观察是否空性而破。

辛一、以破因而破生：

若因变为果，因即至于果。

是则前生因，生已而复生。

如果对方提出：果法并不仅仅是从因缘的和合中产生的。所以我们也用不着去探讨所谓“因法是否是在给予果法能力之后毁灭”等问题。因果本来就不是异体的，因为在因法毁灭之后，果法的本体就可以成立。

如果在因法毁灭之后，果法就可以成立，或者因法可以转变为果法，即因法已经完全迁移（至果法）而成为无常之法，则果法就有不是原本无有而重新产生的过失。就像舞者仅仅更换了装束一样，（没有本质的改变。）因为因果为一体，所以又怎么需要产生什么新的果法呢？因为因法恒常存在，所以就有先前已经产生过果法的因法，又要重新产生（果法）的过失。这显然不合理，因为大可不必。

云何因灭失，而能生于果？

所谓毁灭的因法，现在却丝毫没有消失，又怎么能产生已经产生的果法呢？绝不可能产生。

辛二、以观察有无关联而破：

若因果相关，因住果岂生？
若因果无关，更生何等果？

（原译：又若因在果，云何因生果？若因遍有果，更生何等果？）

如果对方提出：果法并不是以前面因法的毁灭而产生的，而是由安住于果法的因法产生的。

与果法相关联并且现在仍然安住于果法的因法，又怎么可能产生果法呢？因为果法已经存在，而因法却无有变化，这样的因又怎么能成其为因呢？断无此理。

如果因法与果法毫无关联，既然毫无关联，又会产生什么样的果法呢？如果无有关联也会产生的话，则会有从一个因法而产生所有一切的果法，或者一个果法也不产生的过失。

辛三、以观察是否现见而破：

因见不见果，是二俱不生。

我们还可以观察，因法是在见到果法，还是在没有见到果法的前提下产生果法的呢？如果因法已经见到果法，则果法就必须存在，如果果法已经存在，则因法也就不应成为因法了；如果因法根本没有见到果法，又怎么会产生果法呢？不可能产生。如果这样也会产生的话，就有产生一切的过失。这里所说的“见到”，是指缘的意思。

《显句论》云：如果对方提出，因法本来就不存在五根，所以就不存在种子等因法“见到”什么的问题。则可以回答说，无论存在与否，我们的立论是为了证实（言实事师）有生之说与理相违，或者是针对（数论外道）神我的等起为因的见解，以及裸行外道承许种子与根为一体之说而言的。

《般若灯论》也云“若眼见而取者，然后识起者，识者无用；若眼不见而取者，色之境等则为无用”等。

我个人认为：这些教证似乎都是在表明，缘所生为趋入基础的，一切因果法本体的所谓“产生”等并不存在。就像陶师做瓶子一样，见与不见二者都不存在。如果可以见到（瓶子或果法），就不需要再产生；如果不能见到（瓶子或果法），所谓的产生也不合理。大家可以对此观点加以观察。

因此，无论因法是否能见到果法，都不能产生果法。

辛四、以观察是否接触而破：

若言过去果，而于过去因，

未来现在因，是则终不合。

（原译：若言过去因，而于过去果，未来现在果，是则终不合。）

如果果法是过去的法，则无论是过去的因、尚未产生的未来之因，还是现在产生的因，在任何时候它们之间都不应该有接触。我们可以依次对三种情形进行观察，就可以分别用因为因果二者都属于过去，（现在已经毁灭，）所以不可能存在接触；因为果法属于过去，而因法尚未产生，所以也不能接触；以及因果不可能位于同时的推导方式来证明。

若言现在果，而于现在因，

未来过去因，是则终不合。[1]

同样，如果所产生的果法是现在的法，则无论是尚未产生的（未来之）因、过去的因、还是现在产生的因，在任何时候它们之间都不应该有接触。我们可以依次以因法尚未产生，所以不能接触；因为因法属于过去，（现在已经毁灭，）所以不可能存在接触；以及因果不可能位于同时，所以互相观待的接触不存在的推导方式来证明。

若言未来果，而于未来因，

现在过去因，是则终不合。

---

1 此颂藏文版与下一偈颂顺序颠倒且说法有出入。原译：若言现在因，而于现在果，未来过去果，是则终不合。

（原译：若言未来因，而于未来果，现在过去果，是则终不合。）

如果果法是尚未产生的未来之法，则无论是现在产生的因、尚未产生的（未来之因）、还是过去的因，在任何时候它们之间都不应该有接触。我们可以依次以因果不可能位于同时，并且果法尚未产生，所以不能有接触；因为因法与果法二者都尚未产生，所以不可能存在接触；以及果法尚未产生，而因法已经毁灭，所以不存在接触的推导方式来证明。

若不和合者，因何能生果？
若有和合者，因何能生果？

因此，无论因法还是果法，如果是过去和未来的法，现在都不存在，所以不应该有接触；现在的因果也不能相接触，否则就有因果处于同时的过失。既然不是处于同时，就不应该有接触，因为是非同时的。

如果不存在接触，则犹如光明与黑暗、东山与西山一样不应该互为因果。如果这样都互为因果，则非因也可以成为因了。如果存在接触，也不应该互为因果，因为二者各自分别成立。

由此可见，如果不存在接触[和合]，因法又怎么能产生果法呢？绝不会产生。反之，如果存在接触[和合]，因法又怎么能产生果法呢？这种情况不可能存在。

辛五、以观察是否空性而破：

若因空无果，因何能生果？

若因不空果，因何能生果？

我们还可以观察：果法究竟是以果法而空的因法，还是以果法不空的因法所产生呢？

如果是第一种情况，也即以果法空的因法而产生果法，则由因法又怎么能产生果法呢？（绝不可能。）如同从水中不可能产生酥油一般。

如果是以果法不空的因法而产生果法，那么由因法又怎么能产生果法呢？（绝不可能。）因为果法已经成立。

这里是以因法为基础进行论证的，而前面是从和合之时进行分析的，因为角度不同，所以我认为并不重复。

庚二（观察果而破）分四：一、以观察是否空性而破；二、以观察一体异体而破；三、以观察有无本性而破；四、以能遍不可得而破。

辛一、以观察是否空性而破：

果不空不生，果不空不灭。
以果不空故，不生亦不灭。

前面已经从因法的角度进行了抉择。下面再对果法进行观察。我们仍然可以追问：因法所产生的果法本体究竟是非空性，还是空性的呢？

如果是第一种情况，即像《般若灯论》中所说的，言事实师云：“于果法产生之前，应承许果法不空。”或者无论是谁所说的果法自性不空，则因为不空的缘故，因法又怎么能产生果法呢？绝不可能产生。因为不空的果法，自性不可变更。因为这个原因，所以果法也没有灭失。

如果是这样，则不空的果法就成了既没有灭失，也没有产生的法，但对方并不承认此点。（所以，对方的见解是错误的。）

果空故不生，果空故不灭。
以果是空故，不生亦不灭。

如果承许果法为无有自性的空性，则果法又岂能产生呢？既然无有本体且为空性，（果法）又岂能灭失呢？如同石女的儿子不存在死亡一般。总之，如果承许果法为空性，像这样的果法则有既没有毁灭、也没有产生的过失。

辛二、以观察一体异体而破：

因果是一者，是事终不然；
因果是异者，是事亦不然。

中观论师首先立宗：因法与果法为一体的情形，在任何时候都不可能合理；而因法与果法的本体为异体的情形，在任何时候也不可能合理。其理由如下：

若因果是一，生及所生一；
若因果是异，因则同非因。

如果因法与果法为一体，则能生及所生成为了一体；如果因法与果法二者以本体成立为异体，则因法与非因二者也就完全相同了。如果因果为一体，则有父与子、眼根与眼识成为一体的过失；如果因果为异体，即互为他体而不相观待，则有油灯产生黑暗等过失。

辛三、以观察有无本性而破：

若果定有性，因为何所生？
若果定无性，因为何所生？

如果果法自身的体性决定存在，则果法已经成立。既然如此，因法又能产生什么新的东西呢？（不会产生，）因为毫无意义。

如果果法的体性决定不存在，则如同兔角一般不存在生。那么因法又能产生什么呢？绝不会产生。

这里是针对果法是否存在进行阐述，而前面是论述不空的果法不可能产生，所以二者之间并没有重复之嫌。换言之，前面是从果的角度而言，这里是从因的角度而言。或者前面是说“自性如此的果法不可能产生”，此处是说“无论果法是否存在，因法都无从产生”等等。所以，两者之间存在着以上差别。

如果对方提出：无有的法也可以从因法中产生，就像影像可以（从镜子等法）中产生一样，所以你们的立论并不一定成立。

虽然如此，就算是不一定，但也只能成立为无自性，那你们也就成为我们的帮腔了。

难道你们不是也这样承许的吗？

虽然无自性，但也可以从因法中产生，这就是我们所承许的立宗。

如果诸法的自性少许也不成立，则其违品也不应该成立，所以无有自性也不可成立，如此一来，又怎么会不一定呢？影像的自性存在与不存在二者都不成立，因为无论如何影像都不是实相。

辛四、以能遍不可得而破：

因不生果者，则无有因相。

若无有因相，谁能有是果？

如果对方还是固守己见地认为：虽然你们像前面那样进行了遮破，但因法是存在的，所以果法也应该存在。

因法的总相并不存在。因为，如果因法不能产生果法，则不应该存在因法的法相。如果因法的法相不存在，则该果法又是由什么因法而产生的果法呢？不可能产生。

己三、摄以破成立之义：

若从众因缘，而有和合法。

和合自不生，云何能生果？

如果对方提出：并不是仅仅自某一因法而产生果法，而是由无一不备的所有因缘之和合而产生果法的。

并非如此。如果和合自身的实体都不可得，则和合就不应该存在。如果和合自身的实体可得，则可以用自己对自己起作用与理相违，以及因为无有必要，所以不会产生自己的理由加以驳斥。

所谓“因法的和合”，也是观待于果法的。只要缺少任何一个产生果法的因，和合也不可成立。所以，某一因缘的和合，必须依靠果法而成立。（不观待果法而）随随便便的和合，并不能构成该和合。既然以自己的力量不能使自己产生，也就是在和合不成立的前提下，果法又怎么能产生呢？

以上内容论证了和合无有实体。如果对这些差别没有一个明确的认识，则在别人提出问难“如果不生自己，则不会产生他法的理由是什么”时，只有无言以对。不然，就必须回答说：“就像因为不能见自己，所以不能见他法一样，和合也可以以此类推。”这里的类推所要表达的含义，就是成立实体不存在的结论。否则，就没有抓住其要点。

因此，无论以因法的和合、分别各自的因法，还是单独的和合之类的各种因法（的和合），即以众缘的和合，并不能产生和合自身的本体。那么以和合又怎么能产生其他的果法呢？绝不会产生。

是故果不从，缘合不合生。

若无有果者，何处有合法？

因此，既不能以因缘的和合而产生果法，也不能以非和合而产生果法。因为，如果不是因缘和合而产生果法，则有非因成为因法的过失，这是极其违背事实准则的。

如果从和合与非和合二者中，都不存在所产生的果法，则你们的理由不可成立。既然如此，所谓“因缘的和合”又何在呢？就像石女儿子的因缘和合不存在一样。

《中观根本慧论》之第二十观因果品释终

二十一、观成坏品

丁二十一（观成坏品）分二：一、经部关联；二、品关联。

戊一、经部关联：

《妙力伏经》云“色法无生亦无灭”等，宣说了无有成坏的道理。

戊二、品关联：

如果对方提出：因为苗芽在冬季毁灭，夏天生长等，所以时间是成坏的因。因为成坏存在，所以成坏的因——时间也必须存在。

为了证明成坏不合理而宣说本品。

此品分二：一、宣说能害自性存在之理；二、遮破存在之能立。

己一（宣说能害自性存在之理）分五：一、以观察俱成不成而破；二、以观察是否灭尽而破；三、以观察能依所依而破；四、以观察是否空性而破；五、以观察一异而破。

庚一（以观察俱成不成而破）分三：一、宣说立宗；二、陈述理由；三、摄义。

辛一、宣说立宗：

离成及共成，是中无有坏；
离坏及共坏，是中亦无成。

自宗首先立宗：时间是不应该存在的，因为成坏不存在，这个因是成立的。在离开生成或者与生成共存的情况下，坏灭是不存在的；而离开坏灭或者与坏灭共存的情况下，生成也是不存在的。

辛二、陈述理由：

若离于成者，云何而有坏？

如离生有死，是事则不然。

如果离开了生成，又怎么会有坏灭呢？如果这样也有坏灭，则就像众生离开出生，也存在死亡一样，但这种情形根本不会存在。所以，在离开产生或者生成的情况下，坏灭并不存在。

成坏共有者，云何有成坏？

如世间生死，一时则不然。

因为坏灭与生成是相违的法，所以其二者又怎么可能共存呢？其理由是，如同世间的出生与死亡不可能同时共存一样。

若离于坏者，云何当有成？

无常未曾有，不在诸法时？

同理，如果离开了坏灭，又怎么会有生成呢？因为，一切的万法在任何时候都不可能不存在无常。任何法只要一产生，就会以无常而周遍［遍是无常］。

坏成共有者，云何有坏成？

如世间生死，一时则不然。

（该偈颂在鸠摩罗什翻译的汉文版中缺漏。）

生成与坏灭的共存，又怎么可能存在呢？其理由是，如同世间的出生与死亡不可能同时共存一样。

辛三、摄义：

成坏共无成，离亦无有成。

是二俱不可，云何当有成？

因此，生成与坏灭无论是互相共存，还是互不共存各自成立的情形都不存在。既然生成与坏灭如同兔子的左右二角一样，又怎么会以自性而成立呢？生成与坏灭绝不会存在。

庚二、以观察是否灭尽而破[1]：

尽则无有成，不尽亦无成；

尽则无有坏，不尽亦无坏。

如果原本存在的本体已经灭尽，则不应该存在生成。如同已经灭失的油灯，也与（其本身的）生成相违一样。

如果（本体）没有灭尽，也不应该存在生成，因为该法的成立正在停留。

1 藏文版中此科判缺漏。

同样，如果（本体）已经灭尽，则不应该存在坏灭，因为坏灭之因的所依不存在；

如果（本体）没有灭尽，也不应该存在坏灭，因为没有灭尽与坏灭是相违的。

庚三、以观察能依所依而破：

若当离于法，则无有成坏。
若离于成坏，是亦无有法；

（原译：若离于成坏，是亦无有法；若当离于法，亦无有成坏。）

如果对方提出：生成与坏灭是存在的，因为其二者所依的法存在。

你们的立论是毫无道理的。因为该法不存在，或者因为其二者互相依靠，所以谁也不能使谁成立的缘故。

如果离开了所依的法，则该法的性相——生成与坏灭也不可能存在。因为所依不存在，则能依也不存在。

如果前面已经将生成与坏灭遮破，即离开了生成与坏灭，则法也不应该存在。因此，所依的法不可能存在。

庚四、以观察是否空性而破：

若法性空者，谁当有成坏？
若性不空者，亦无有成坏。

如果成坏存在，则无论它是使空性的法，还是使不空的法生成与坏灭的两种情况，都是不合理的。

首先，如果该法是空性，则其不应该存在生成与坏灭，如同虚空一般。

其次，如果该法不是空性，则既不应该往他法转变，也不存在观待，所以，也不应该存在生成与坏灭。

庚五、以观察一异而破：

成坏若一者，是事则不然；
成坏若异者，是事亦不然。

如果生成与坏灭存在，则其本体应当以一体或者异体的方式而存在。但是，因为生成与坏灭的本体是互违的，如同光明与黑暗一样，所以不应该是一体；而生成与坏灭的本体为异体也是不合理的，因为（异体的法）必须以互不观待的方式而得到，（而事实并非如此）。

关于论证异体不合理，在其他的注疏中提出以下理由：（一）因为（生成与坏灭）必须依靠瓶子等一个法；（二）因为（生成与坏灭）在任何时候都不可能与无常相违；（三）因为（生成与坏灭）互不混乱。

（生成与坏灭）中的一者不存在，则另一者也不可得；反之，如果一者存在，则另一者也遍是存在。

己二（遮破存在之能立）分二：一、破现量之能立；二、破比量之能立。

庚一、破现量之能立：

若谓以现见，而有生灭者。
则为是痴妄，而见有生灭。

如果对方提出：你们这样仔细研究，又有什么作用呢？因为生成与坏灭的现象，即使是放牛的牧童也是现量可见的（，所以生成与坏灭就是存在）。

你们自以为现量可见的生成与坏灭，并不是真实的，而是因为愚痴染污了内心而导致的。就像因为眼翳而现见（毛发，因为幻觉而现见）阳焰等比喻一般。

庚二（破比量之能立）分二：一、以无生而破；二、以太过而破。

辛一、以无生而破：

法不从法生，不从非法生；
非法亦不从，非法及法生。

（原译：从法不生法，亦不生非法；从非法不生，法及于非法。）

如果对方提出：生成与坏灭就是存在的，因为其二者所依的法存在。

如果该法以自性而存在，那么请问该法是从有实的法而产生，还是从无实的法［非法］而产生的呢？

首先，从（实有的）该法自身中，不可能产生该法，因为该法已经成立，且因果不可能同时存在。

其次，从无实的法中，也不可能产生有实的该法，因为有实无实相违，以及无实的法没有能力产生，如同石女的女儿不可能生出儿子一样。

同理，无实的法不可能从无实法自身当中产生，因为因果二者都不存在，所以没有能生所生。

而无实法也不可能从有实法当中产生，因为二者相违，且无实法的产生不存在。

既然该法不论从有实法，还是无实法当中都不能产生，那么所生成的法究竟是什么呢？所坏灭的法，以及已经坏灭的无实法又是什么呢？

还有，释迦却丹也云："有实法不能从有实法中生成，无实法也不能从无实法中坏灭。"

法不从自生，亦不从他生，

不从自他生，云何而有生？

同样，诸法不可能从自身中产生，因为有无义生与无穷生的过失；也不可能从以本体而成立的他法中产生，其理由在第一品中已经进行了论述；也不会从自他二者中产生。既然如此，诸法又怎么能够产生呢？绝不会产生。所以，诸法不存在产生。

辛二（以太过而破）分三：一、宣说太过；二、驳斥离过之答复；三、摄义。

壬一、宣说太过：

若有所受法，即堕于断常。

当知所受法，若常若无常。

诸法不存在生。否则，如果承许诸法以自性而存在，而该法在第二时间又没有毁灭的话，则该法就成了恒常之法；倘若承许该法毁灭，则又有堕入断见的过失。而任何存在的实有之法，要么就应承认其为常有，要么就应承认其为无常（，没有第三种情况存在）。

壬二、驳斥离过之答复：

所有受法者，不堕于断常。

因果相续故，不断亦不常。

如果对方认为：即使承许诸法存在，也既不会堕入断灭，又不会堕于恒常。因为“因果生成与坏灭的相续”，也就是三有轮回，（所以既不会堕入断灭，又不会堕于恒常。）

如果承许虽然诸法无常，但因为因果的同一相续，也就是三有轮回，所以不会是断灭。则即使相续存在，但因为因法本身已经毁灭，并且没有产生，那么，因法自身的相续又怎能不断灭呢？

自宗的观点却不相同，因为（自宗承许）因法无自性，所以（因法的相续）又怎么会断灭呢？绝不可能。

还有，如果因法的自性存在，则因为自性不会退转，所以仍然会堕于恒常。

另外，如果承许因法或者果法的相续以本体而存在，或者承许相续以自性而存在，自宗也可以用同样的道理进行驳斥。

若因果生灭，相续而不断，

灭更不生故，因即为断灭。

因此，如果认为因果生成与坏灭的相续，也就是轮回，仍然会堕于恒常与断灭。因为（因法）已经毁灭，又没有再产生，所以有因法断灭的过失。

法住于自性，不应有有无。

涅槃灭相续，则堕于断灭。

如果诸法本体以自性而存在，则该法在任何时候也不可能从有实法变为无实法。因为本体相违，或者（有实法）永不改变。

这样一来，还有在获得涅槃的时候存在断灭的过失，因为轮回相续已经寂灭。

若初有灭者，则无有后有；

初有若不灭，亦无有后有。

如果对方又提出：以前世灭尽的最后一刹那作为因，而产生后世的第一刹那作为果，并且像这样中途连续不断的过程，就称之为三有或者轮回。（所以，生成和坏灭是存在的。）

但是，像这样由你们所安立的三有并不存在。如果你们一定要认为它存在的话，那么请问：作为果法的后世第一刹那本体的存在，是在前世最后一刹那已经灭尽、尚未灭尽还是正在灭尽的哪一种情况下产生的呢？

如果前世最后一刹那的本体已经灭尽，则不应该产生后世的第一刹那，因为有因法不存在的过失，如同由已经焚毁的种子产生苗芽一样。

如果前世最后一刹那以本体而没有灭尽，也不应该产生后世的第一刹那，否则，后世的第一刹那就会成为无因。这样一来，就有一个众生具备两个本体、没有前世的众生也会产生、前世恒常存在、种子没有灭尽却产生了苗芽等诸多过失。

若初有灭时，而后有生者。
灭时是一有，生时是一有。

而正在灭尽是属于现在的法，始终无法与正在产生的未来之法相遇。如果承许在前世最后一刹那正在灭尽之时，产生了后世的第一刹那，则（正在灭尽与正在产生）这两个过程就成了同时。既然如此，则属于正在灭尽的为一个轮回之有，属于正在产生的又为除此之外的另一个轮回之有，这样就有两个轮回之有同时在同一个相续中出现的过失。

也就是说，如果在前世最后一刹那正在灭尽之时，产生了后世的第一刹那，则属于正在灭尽的为一个轮回之有，属于正在产生的又为除了前世之外的另一个轮回之有。

若言于生灭，一时则非理。

岂可此阴死，亦于此阴生？

（原译：若言于生灭，而谓一时者。则于此阴死，即于此阴生。）

如果认为前世的正在灭尽，与后世的正在产生位于同时，也是不合理的。如果按照你们的说法，岂不成了在某个出现死亡的五蕴上面，又出现了出生的现象吗？（这显然不合理，）因为死亡与出生二者是完全相违的法。

此处“亦”字的含义，表示前后世二者的五蕴合而为一成为了一体。

壬三、摄义：

三世中求有，相续不可得。
若三世中无，何有有相续？

因此，如果有产生，则不会有死亡；如果有死亡，则不会有产生，所谓的“相续”并不存在。因为在（前世、今生、后世的）三世中，无论前世已经灭尽，还是尚未灭尽等情形下，三有的相续都不可能存在。既然在所知的三世中都不存在，则三有的相续又怎么会存在呢？绝不会存在。

《中观根本慧论》之第二十一观成坏品释终

二十二、观如来品

丁二十二（观如来品）分二：一、经部关联；二、品关联。

戊一、经部关联：

经云“如来乃恒时无生之法，一切诸法亦同于如来”等，宣说了无有如来的道理。

戊二、品关联：

如果对方提出：轮回的相续是存在的，因为如来存在。如来必须在无量数劫中积累资粮，直至圆满之后，才可以成佛。这并不是一瞬间或者一刹那就可以完成的。（所以，轮回的相续必须存在。）

为了证明如来不能以自性而成立本为空性而宣说本品。

此品分三：一、遮破如来之成实；二、成立舍诸见之理；三、以此理类推他法。

己一（遮破如来之成实）分三：一、破取受者补特伽罗；二、破所取之五蕴；三、摄以破成立之义。

庚一（破取受者补特伽罗）分二：一、破取受者实有存在；二、破取受者假立之自性存在。

辛一、破取受者实有存在：

如果如来以本体而存在，则其以经历漫长周期的相续成立之故，所以轮回的相续也是存在的。然而，所谓的“如来”并不能以本体而成立。

因为，如果如来存在，则无论我们对其与五蕴为一体，还是异体等情况进行观察都不合理。

首先，如果五蕴就是如来，我们就可以参照“若燃是可燃，作作者则一”等，以及“若我是五阴，我即为生灭”等方式加以破斥。

如果如来是五蕴之外的他体，我们则可以用前面各种破斥方法的违品（“若我异五阴，则非五阴相”，以及“若燃异可燃，离可燃有燃”等）来破斥。

五蕴既不可能像山上生长的树木一样依靠如来，因为它们之间不存在他体的关系。

如来也不可能像生活于森林中的猛兽一样依靠五蕴，这也是因为它们之间不存在他体的关系。

如来也不可能像转轮王具备相好一样具备五蕴，因为如来与五蕴不存在一体与异体。

如果有人提出：虽然你们从五个方面证明了如来不存在，但依靠五蕴一体异体并且不可言说的如来还是存在的。

如果自己的本体不存在，则不可能依靠他体而存在。我们可以用如果自己的本体不存在，则所谓的他体也不合理等等理由来证实。对此，下文将进一步广说。

非阴非离阴，此彼不相在，

如来不有阴，何处有如来？

因此，如来的色身等不是五蕴的本体，否则就有如来成为生灭者、成为众多者，以及作者与作业成为一体的过失；如来也不是在五蕴之外，以他体的形式而单独存在的，否则，如来就有成为无为法的过失；五蕴既不可能依靠如来而存在；如来也不可能依靠五蕴而存在；如来也不可能具备五蕴。既然如此，所谓的如来又在何处呢？因为我们用五种形式进行观察，如来都了不可得。

辛二（破取受者假立之自性存在）分三：一、破于自性与他性中成立；二、以无有取受之理而破；三、摄两方之义。

壬一、破于自性与他性中成立：

阴合有如来，则无有自性。

若无有自性，云何因他有？

如果对方承许：所谓“如来”，是依靠五蕴而安立的，所以不存在本性或者自性。

既然不存在自性，又怎么可能依靠他法而存在呢？

法若因他生，是即非我有。

若法非我者，云何是如来？

如果某法依靠他法而生，则如同虚假的影像一般，不应该存在自身的本性[我]。既然不存在自身的本性，又怎么能成为如来呢？绝不会成为如来。

若无有自性，云何有他性？
离自性他性，何名为如来？

如果不存在自身的本性，又怎么会存在自身之外的他性呢？既然离开了自性以及他性，又怎么能称之为如来呢？绝不可能。

壬二、以无有取受之理而破：

若不因五阴，先有如来者。
以今受阴故，则说为如来。

正量部的论师们提出：如来是存在的，因为如来的相续也是五蕴领受者。

如果不依靠五蕴的如来成立，则其相续也可以作为领受者。然而，不依靠五蕴的如来并不成立。既然无论如何都不成立，又怎么领受五蕴呢？因为无论哪位领受者都没有领受。

如果不依靠[因]五蕴，领受五蕴的某一位如来在此之前已经存在。就像在获得财物之前，财物的领受者天授存在一样。现在又承许其依靠[受]五蕴，并因依靠（五蕴），而成为领受者（如来）。

今实不受阴，更无如来法。
若以不受无，今当云何受？

然而，不依靠五蕴，就不可能单独存在任何所谓的“如来”之法。既然任何不依靠五蕴的如来都不存在，（像这样的所谓如来）又怎么能领受五蕴呢？因为连领受者都不存在。

若其未有受，所受不名受。
无有无受法，而名为如来。

因此，如果没有领受五蕴，则无论如何也不可能存在（对方）所诩的领受。既然如此，则不管怎样也不会存在没有领受五蕴的所谓领受者如来。

壬三、摄两方之义：

若于五种求，一异之如来，
悉皆不可得。云何受中有？

（原译：若于一异中，如来不可得。五种求亦无，云何受中有？）

既然从五个方面去寻找，都不存在任何与五蕴一体、异体等五种关系的（如来），那么对方所谓的“如来作为领受者的法相者存在”之说，在其所声称的领受中又如何安立（为有）呢？这种安立是毫无道理的。

庚二、破所取之五蕴：

又所受五阴，不从自性有。
若无自性者，云何有他性？

如果对方提出：某个领受者就是存在的，因为其所领受的五蕴存在。

但是，所谓的五蕴，从其本身自性的角度而言并不存在，因为五蕴也是与领受者相观待的缘起之法。关于此理，在《观五阴品》中已经进行了破斥。

如果对方又提出：虽然五蕴自身的本体不存在，但依靠其他的法作为因缘，却能使其存在。

这种说法也是不合理的。如果连自身的本性都不存在，就绝不可能依靠他法而存在，如同石女的儿子不可能依靠他法的力量而存在一样。

庚三、摄以破成立之义：

以如是义故，受空受者空。
云何当以空，而说空如来？

由此可见，所领受的五蕴以及领受者，无论从自他的角度，还是一体异体等角度而言都为空性。既然像这样的一切法，或者领受与领受者都为空性，则如来也应当为空性。因此，又怎么能妄自安立而说如来存在呢？这种说法不可成立。

己二、成立舍诸见之理：

言事实师提出：我们背弃食米斋仙人等导师之后，是善逝如来以不可思议的功德以及大悲心使我们皈依佛法，并引导我们去寻求解脱真义。你们居然敢说如来不存在，这岂不是在断绝我们被拯救与解脱的希望吗？

你们虽然皈依了如来，却因为不可堪忍与外道不共的如来无我狮子吼声，所以离解脱之道还有极其遥远的距离。

佛陀也曾说过：“佛法及涅槃如梦如幻。”并用虚拟的口吻进一步强调："若有超胜涅槃之法，亦如梦如幻。"所以，我们并没有毁谤损减如来。"如来以本体不可成立，（所谓如来，）只是从世俗名言词句角度而言"之说，并非是在建立"如来不存在"的观点。

为什么呢？因为，真实实相是四边中的任何一者都不可成立的，所以用任何言语都无法传递。为了遮破执著与远离四边戏论相矛盾的违品诸边，则即使是所谓的证悟者[修行人]，如果不这样宣说，也不能真正了达这些道理，所以，在名言中，为了适应所调化者的根基，则可以建立各种增益之说。比如"以谛实而空""于名言中以存在而不空""虽以谛实而空，但于名言中却不空""名言与谛实皆不成"等诠释方式。

这里所说的空性，仅仅是遣除了违品，这些说法只是为了扫除一切见的权巧方便，并不是要成立单空之见。

由此可见，所谓空性的言论，只是为了灭除耽执某种空性物的戏论，而不是为了建立空性等戏论。

空则不可说，非空不可说，

共不共叵说，但以假名说。

因此，真实义中的如来，既不能说是"空性"，也不能说是"非空成实"；既不能说是"（空与非空）两者皆俱"，也不能说是"（空与非空）两者皆不俱"，绝不能说"以上（四种）情形的如来存在"，因为（真实义）是不存在四边戏论的。

如果对方提出：既然如此，又该作何解释呢？

这是为了令世人趋入胜义之境，而需横扫一切增益之见，或者为了假立名言的目的，才宣说“空性”等等的。

常无常等四，本寂何处有？

边无边等四，本寂何处有？

（原译：寂灭相中无，常无常等四；寂灭相中无，边无边等四。）

如来不仅不存在空性等四边，包括恒常与无常，以及“等”字所包含的“（恒常与无常）两者皆俱”与“（恒常与无常）两者皆不俱”四边自性的边执戏论，都是本来寂灭的。这样一来，如来又岂能存在呢？绝不可能。不仅如此，甚至有边以及无边等四种情形，也是本来寂灭的。既然如此，所谓的如来又能在何处安身呢？

所谓的如来，既是远离四边的法性，也是平等的真如性。

邪见深厚者，耽执有如来。

如来寂灭相，分别有亦非。

（原译：邪见深厚者，则说无如来。如来寂灭相，分别有亦非。）

本偈颂如果按照《佛护论》中的翻译“邪见深厚者，以妄念分别，于寂灭涅槃，说如来有无”，应该更为贴切。

此处的解释应为：凡夫补特伽罗因为对“如来以自性而存在”怀着深厚强烈的耽著，继而成为一种执取，并以分别之心妄加揣度，而说如来在涅槃之后存在或者是不存在。

如是性空中，思维亦不可，

如来灭度后，分别于有无。

但是，彻见如来以自性而空的人们，却能清醒地意识到：如来在涅槃之后，无论“存在”之念，还是“相续断灭的不存在”之念，都是不合理的。

如来过戏论，而人生戏论。
戏论破慧眼，是皆不见佛。

所有善逝如来，都是超离于一切戏论的。因为不存在生，所以不但不存在毁灭，而且在任何时候都不可能穷尽。然而，（世人）却创造出有与无、常与无常等戏论，这些源于自心的分别念戏论，毁坏了能够目睹真相的智慧之眼，从而使他们都不能彻见如来本性。这一切的根源，都是因为对“如来本身的自性，即是无有生灭增损的平等性”持颠倒戏论而导致的。

己三、以此理类推他法：

如来所有性，即是世间性。
如来无有性，世间亦无性。

如来的远离戏论自性，也是世间万物的自性，万法平等的缘故。与如来无有自性的法性一样，世间也不存在自性，所以，它们是无二无别、平等一味的。

《中观根本慧论》之第二十二观如来品释终

二十三、观颠倒品

丁二十三（观颠倒品）分二：一、经部关联；二、品关联。

戊一、经部关联：

《般若经》云“以贪清净故，色法亦清净”等，宣说了无有颠倒的道理。

戊二、品关联：

如果对方提出：轮回的相续是存在的，因为相续的因（——烦恼）存在。众生以烦恼而积业，并由业而产生了轮回的相续。（所以，轮回的相续应该存在。）

为了证明烦恼的自性不存在而宣说本品。

此品分二：一、遮破烦恼；二、遮破烦恼存在之能立。

己一（遮破烦恼）分二：一、广破烦恼；二、分别而破。

庚一（广破烦恼）分四：一、以缘起因而破；二、以无有所依之因而破；三、以无因之因而破；四、以无所缘之因而破。

辛一、以缘起因而破：

从忆想分别，生于贪恚痴，
净不净颠倒，皆从众缘生。

烦恼是不存在的。如果要追究其原由，（则可归结为以下几点。）正如经中所云："贪惑汝之根，由识分别生。"一切烦恼的因，不外乎妄想分别，（妄想分别）就是我们所说的一切三毒烦恼的罪魁祸首。

依靠清净可爱的分别妄念，而产生贪欲；依靠肮脏可恶的分别妄念，而产生嗔恚；依靠颠倒的分别妄念，而产生愚痴。

诸佛也教导世人："贪欲、嗔恚、愚痴之共同因，皆源于分别妄念。"该三者依靠各自分别的因：清净可爱的外境、肮脏可恶的外境以及颠倒的外境而产生。

若因净不净，颠倒生三毒。

三毒即无性，故烦恼无实。

如果是依靠清净可爱的外境、肮脏可恶的外境以及颠倒的外境而产生的法[三毒]，其自性都不可成立。因此，诸等烦恼也并非真实。

辛二、以无有所依之因而破：

我法有与无，是事终不成。

无我诸烦恼，有无亦不成。

补特伽罗人我自性的存在与不存在，都是不能以本性而成立的。关于这一点，在《观我法品》时已经予以了遮遣。既然作为所依的（补特伽罗人我）都不存在，诸等烦恼的存在与否又怎么能成立呢？无法成立。

谁有此烦恼，是即为不成。

若无有所依，烦恼亦不成。

（原译：谁有此烦恼，是即为不成。若离是而有，烦恼则无属。）

烦恼如同墙上的花纹一样，是依靠所依才能成立的。但具有这种烦恼的人我或者众生，是无论如何都不可成立的。既然所依都丝毫不存在，则能依烦恼也绝不会有一星半点存在的可能。

在所依境具备之前，烦恼不可能成立。因为人我并不存在，而且，（人我也是）需要依靠烦恼者的心才能产生。

如身见五种，求之不可得。
烦恼于垢心，五求亦不得。

如果对方提出：心可以与烦恼一起产生。

对于自身之见中诸如坏聚见之类的烦恼，在烦恼者的心或者相续中，用五种关系去寻找，都是不存在的。

而诸如持身见的烦恼者，在烦恼 [垢心] 当中，也是以五种关系不可寻觅的。

自身本来是由色等五蕴聚合而成的，如果对自身持我与我所见，即为坏聚见。

我们可以通过观察自身，以“非蕴外非蕴”等五种方式，就足以证明自身不成立。

同理，如果烦恼的分支——贪欲等等，与产生烦恼的心二者是一体，则有能生所生成为一体的过失；如果为异体，则有互不观待的过失；又因为其二者不是异体，就可以将剩余的具有等三种关系一并遮破。

辛三、以无因之因而破：

净不净颠倒，是则无自性。
云何因此三，而生诸烦恼？

如果对方提出：虽然你们遮破了烦恼，但烦恼的因——清净可爱、肮脏可恶等三种外境还是存在的，既然外境存在，则果法烦恼也应该存在。

这些外境并不存在。因为清净可爱、肮脏可恶以及颠倒的外境，也是依靠（他法）而产生的，其自性并不成立。所以，又怎么能依靠清净可爱、肮脏可恶以及颠倒的外境而产生烦恼呢？烦恼不应该存在。

辛四、以无所缘之因而破：

色声香味触，及法为六种，
如是之六种，是三毒根本。

如果对方提出：烦恼是存在的。因为烦恼的所缘境存在。

所缘境色法等也是不可得的。作为外境的色、声、香、味、触、法这六种所缘，是一切（三毒）烦恼生起的根本因。缘于这些外境，就会因清净可爱的外境而生贪欲；因肮脏可恶的外境而生嗔恨；而我见、常见等增益，则是愚痴的根本之因。

色声香味触，及法体六种，

皆空如焰梦，如乾闼婆城。

虽然你们安立了诸法，但（这一切）实际上却如同具眼翳者眼前所现的毛发幻景一般。色、声、香、味、触、法仅仅是假立的，是无而显现的，如同乾闼婆城、如同阳焰、如同梦境一般。

庚二（分别而破）分二：一、遮破贪嗔；二、别破愚痴。

辛一（遮破贪嗔）分二：一、破因法净与不净；二、破果法烦恼。

壬一（破因法净与不净）分二：一、以所依为虚妄而破；二、以互相观待而破。

癸一、以所依为虚妄而破：

犹如幻化人，亦如镜中像。
如是六种中，何有净不净？

（原译：如是六种中，何有净不净？犹如幻化人，亦如镜中像。）

犹如幻化的人以及镜中的影像一般，在虚幻的所依（六种）中，净与不净的相又怎么会实实在在地存在呢？因为连六种的自相都无法成立。

癸二、以互相观待而破：

不因于不净，则亦无有净。
因不净有净，是故无有净。

（此偈颂与下一偈颂在藏文版中顺序颠倒。）

正是依靠不净，才能安立所谓的“净”。如果不观待观待处“不净”，则（观待的）此方——“净”，也不可能存在，如同长与短的安立一样。

在能立都不存在的情况下，“净”的本性也不应该存在，因为必须依靠不净方能安立（“净”）。

不因于净相，则无有不净。
因净有不净，是故无不净。

反之，正是依靠净，才能合理地安立所谓的“不净”。如果不观待“净”，所谓的“不净”就不可能存在。因此，所谓的“不净”也不应该存在。

壬二、破果法烦恼：

若无有净者，由何而有贪？
若无有不净，何由而有恚？

作为颠倒之相的清净如果不存在，则依靠它而成立的贪欲又怎么能成立呢？同理，如果不存在不净，则嗔恚的存在又怎么能成立呢？不可成立。

辛二（别破愚痴）分二：一、破颠倒外境；二、以破成立之果。

壬一（破颠倒外境）分二：一、破颠倒与非颠倒之差别；二、破执著者补特伽罗。

癸一（破颠倒与非颠倒之差别）分三：一、外境之成与不成相同；二、外境之有无相同；三、仅此执著亦不可成立。

子一、外境之成与不成相同：

于无常著常，是则名颠倒。

空中无无常，何处有常倒？

（原译：于无常著常，是则名颠倒。空中无有常，何处有常倒？）

愚痴之因就是颠倒。认为每一刹那都在坏灭的五蕴为常有；认为原本痛苦的五蕴为快乐；将不净的身体执为清净；将不同于人我法性的五蕴执为人我。这些将五蕴的无常执为常有之类的执著，就可称之为颠倒。

五蕴本来以自性而空，其中并不存在无常。既然如此，那么对恒常的执著，即认为颠倒五蕴是以自性而存在的执著又怎么能存在呢？

用同样的道理，也可以类推出痛苦等也不存在的结论。由外境痛苦等等的不成立，也可以推导出痛苦的有境是颠倒并且虚妄的。因此，外境的果法——愚痴也不存在。

子二、外境之有无相同：

著无常为常，即是为颠倒。

空中无无常，何有非颠倒？

（原译：若于无常中，著无常非倒。空中无无常，何有非颠倒？）

在其他三种注疏中，将此偈翻译为“若于无常中，著无常非倒”。这里是按照月称菩萨的观点进行解释的。

如果将无常之法说为常有，这样的执著就是颠倒。因为在空性中不存在无常，那么所谓“无常”的执著又怎么会不是颠倒妄念呢？必定是颠倒妄念。

因为诸法的实相自性是无论如何也不可成立的，在空性当中任何常与无常都不可成立，所以无常的执著以及常有的执著二者，在是否符合诸法实相方面，没有任何差别。因此，所谓“常有的执著并非颠倒”的言论，是无法成立的。

我个人认为，该偈颂的推论方式，同样也明示了对空执的破斥方法。

子三、仅此执著亦不可成立：

可著著者著，及所用著法。
是皆寂灭相，是故无有著。

（原译：可著著者著，及所用著法。是皆寂灭相，云何而有著？）

如果对方提出：虽然颠倒不存在，但常有等等的执著却可以单独存在。既然执著存在，则执著者、所执著的法以及执著也应该可以成立。

因为建立在常与无常等等执著之上的谁去执著、执著的行为、执著者补特伽罗人我或心王以及所执著的色法等，其自性都是本来寂灭的，既然其自性无生，彼等诸法又怎么可能存在呢？

参照“于无常著常，是则名颠倒。空中无有常，何处有常倒”“我法有与无，是事终不成。无我诸烦恼，有无亦不成”“色声香味触，及法体六种，皆空如焰梦，如乾闼婆城”等偈颂，以及观因缘品的推导方式等等，就完全可以将这些立论驳得一无是处。由此可见，因为作者、作以及作业三者的自性不存在，所以执著也不会存在。

癸二（破执著者补特伽罗）分二：一、总破；二、别破。

子一、总破：

若于真实中，无有颠倒执，
颠倒不颠倒，谁有如是事？

（原译：若无有著法，言邪是颠倒，言正不颠倒，谁有如是事？）

如果对方提出：颠倒是存在的。因为具有颠倒的补特伽罗存在，如同具有颠倒的天授存在一般。

如果在真实境界当中，并且不存在所谓的颠倒或者非颠倒的“执著”，那么，又有谁会具有颠倒，又有谁会不具颠倒呢？这两种情况都不可能存在。

子二、别破：

若已成颠倒，则无有颠倒；
若不成颠倒，亦无有颠倒。

（原译：有倒不生倒，无倒不生倒；倒者不生倒，不倒亦不倒。）

如果补特伽罗已经具备颠倒，则不应该再产生颠倒，因为（颠倒）已经成立，不再需要。

如果补特伽罗不具备颠倒，也不应该产生颠倒，因为（该补特伽罗）已经如同佛陀一般（不会具有颠倒）。

若于颠倒时，亦不生颠倒。

汝可自观察，谁生于颠倒？

而正在颠倒的（补特伽罗）也不应该出现，因为在已经具备与尚未具备二者之外，并不存在一半颠倒、一半不颠倒的正在颠倒。

请你自己用智慧公正地加以观察：既然这三种情况都不会产生颠倒，那么又有谁会产生颠倒呢？

既然诸等颠倒都以自性而不可产生，那么又怎么可以存在呢？如同石女的儿子一样。

若颠倒不生，何有颠倒者？

诸法不自生，亦不从他生。

不从自他生，何有颠倒者？

（原译：诸颠倒不生，云何有此义？无有颠倒故，何有颠倒者？）

既然诸等颠倒不存在生，又怎么可能存在颠倒者呢？如同拥有石女儿子的人不可能存在一样。

一切颠倒之法既不会从自己而生，同样也不会从他法而生，更不会从自他二者中共生，既然如此，又怎么会有颠倒与颠倒者呢？颠倒与颠倒者绝不可能存在。

若我常乐净，而是实有者。

是常乐我净，则非是颠倒。

如果所谓的“常、乐、我、净”是实有存在的，则其有境人我的执著以及清净、恒常、快乐之类的意识，就不会是颠倒的。因为外境存在，如同无我一般。

若我常乐净，而实无有者。

无常苦不净，是则亦应无。

如果所谓的“常、乐、我、净”不是实有存在的，即所遮遣的法都不存在，那么用以遮遣这些法的无我、不净、无常以及痛苦，也因为不存在违品与观待处，所以也不会存在。诸如此类的分别妄念，都如同我执一般（不存在）。因此，作为希求解脱者，应当将八种颠倒彻底摒弃。

壬二、以破成立之果：

如是颠倒灭，无明则亦灭。

以无明灭故，诸行等亦灭。

这样一来，因为非理执著的颠倒已经破灭，所以颠倒的果法——无明也就相应而破灭；既然无明已经破灭，则诸行等直至老死之法也必将以破灭而告终。

己二、遮破烦恼存在之能立：

若烦恼性实，而有所属者。

云何当可断？谁能断其性？

既然所破的无明不存在，又怎么去破呢？就像在虚空中本来就不存在荆棘，则谁也无法去将其砍除的道理一样。

如果对方提出：但无明的果法——烦恼却是存在的，既然如此，三有轮回又怎么会不成立呢？

这样的所断——烦恼，在胜义中是不存在的。（其理由可以从以下两点来推知：）如果烦恼存在，请问它是以自性而存在，还是以自性而不存在呢？

如果某些补特伽罗的烦恼，是以自性而实有存在的，则其自性就无法遮遣，因此，又怎么能断除呢？因为，又有谁能将存在的法断除呢？如同虚空无碍的法相无法断除一样。

若烦恼虚妄，无性无属者。

云何当可断，谁能断无性？

如果某些补特伽罗的烦恼，以自性而不存在，又怎么能言及所谓的"断除"呢？本来不存在的法，谁又能够断除呢？因为连所断都不存在。

《中观根本慧论》之第二十三观颠倒品释终

二十四、观四谛品

丁二十四（观四谛品）分二：一、经部关联；二、品关联。

戊一、经部关联：

经云“文殊见诸行无生故，而了知痛苦”等，宣说了无有四谛的道理。

戊二、品关联：

如果对方提出争论：你们中观派居然敢说“一切所知都无有自性”，从而遮破了诸法。这就无法避免所知四谛、殊胜三宝以及业因果等世间名言诸法也不存在的过失。（但所知四谛、殊胜三宝以及业因果等世间名言诸法却是存在的，所以你们的观点不正确。）

为了排除困惑、解答疑难而宣说本品。

此品分二：一、宣说对方问难；二、回答问难。

己一（宣说对方问难）分四：一、应有所知四谛不存在之过；二、应有三宝不存在之过；三、应有业因果不存在之过；四、应有世间名言法不存在之过。

庚一、应有所知四谛不存在之过：

若一切皆空，无生亦无灭。

如是则无有，四圣谛之法。

如果你们想建立“内外一切诸法皆为空性”的理论，则如同石女的儿子一般，任何法首先不会产生，最终也不会坏灭。因为无生无灭，则有四圣谛法也被你们认定为无有的过失。

以无四谛故，见苦与断集，

证灭及修道，如是事皆无。

如果由集而生苦，以道而灭苦等四圣谛法不存在，则了知苦谛、断除集谛、修持道谛、现证灭谛，在任何时候也不可能合理存在。

庚二（应有三宝不存在之过）分三：一、无有僧宝之过；二、无有胜法之过；三、无有佛陀之过。

辛一、无有僧宝之过：

以是事无故，则无有四果。

无有四果故，得向者亦无。

因为在心相续中生起的取舍四谛等法不存在，则预流果等四果也不应该存在。如果不存在四果，则安住四果者也不会存在，获得四向者也不会存在。

若无八贤圣，则无有僧宝。

如果获得四果与四向的八种圣贤补特伽罗不存在，则声闻僧众也就不会存在。

辛二、无有胜法之过：

以无四谛故，亦无有法宝。

因为四圣谛不存在，则教法与证法也不应该存在。

辛三、无有佛陀之过：

若无法僧宝，岂能有佛宝？

（原译：以无法僧宝，亦无有佛宝。）

如果所领受的胜法与领受者僧宝二者都不存在，则其果法佛宝又怎么能存在呢？

如是说空者，是则破三宝。

如果像“佛宝等诸法皆空”这样宣说空性，则完全是对三宝的破坏。

庚三、应有业因果不存在之过：

空法坏因果，亦坏于罪福。

（按照你们的说法，）则善业罪业以及因法果法都不存在，不善法以及善法也不存在。

庚四、应有世间名言法不存在之过：

亦复悉毁坏，一切世俗法。

（按照你们的说法，）则有将世间的见闻（觉触），以及制造陶罐、烹熟粥饭等等世间名言法全盘毁坏的过失。

己二（回答问难）分三：一、宣说争论之因；二、无过之理由；三、通达中观之重要性。

庚一、宣说争论之因：

汝今实不能，知空空因缘，
及知于空义，是故自生恼。

（中观论师）对发难者回答道：因为你们这些争辩者对空性的必要[因缘]、空性以及空性的含义一窍不通，才会自寻烦恼地认为这些见解损害了四圣谛等法。你们以自己的分别妄念，想当然地认为仅仅没有[单空]就是空性的内在含义，并由此而产生颠倒执著。

如果企图以“若一切皆空，无生亦无灭，如是则无有，四圣谛之法”等说法来言说中观见的过失，是不可能对中观派有毫发之损的。你们将空性的含义仅仅执著为单空，这种理解方式并非我们论典中所说的空性。

我们（所说的空性），是将有无等一切戏论空掉，即远离一切戏论的空。而仅仅单空的概念，则是必须予以遮破的颠倒空性。

因此，承许诸法为无实单空以及成实二者，都同样有令四谛等不存在的过失，我们对此二者都不予以承认。

你们所谓的“空性”，是对寂灭边戏的自性者[空性]之必要没有通达，而将其必要误认为是仅仅遮破有边，根本没有了知其真实必要。而我们在这里所说的（空性）见，却并非如此，而是与“彼等戏中戏，以空性而破”等，以及“诸佛之空性，乃破一切见”等偈颂中所说（空性）的内涵一样。

你们所谓的空性本体，只是将一个有边遮破的单空戏论之见，所以是错误的。而这里“自知不随他，寂灭无戏论，无异无分别，是则名实相”等所要表达的见解，是远离一切四边戏论的。如果带有偏袒、片面、观待他法的条件，则即使（称之为）空性，但这种自以为是的空性等，都不可能空。既然如此，又在何处存在丝毫空的性相呢？这实在是对“空性”名称内涵的茫然不知。

你们所说的“空性”含义，是断除所破的单空之义，是将“不空”的违品，命名为“空”的一种单独执著。但就空性而言，是不存在单独执著的。

正如“众因缘生法，我说即是空[1]”等所说，凡是从因缘而生的法之本性，都是无有自性的空性之义，不存在任何舍弃显现的单独空性。因为你们的所谓“空性”，是建立在对现即是空，空即是现的缘起之义一无所知的基础之上的，所以也不可能对离边空性的本体有所领悟。既然不能领悟空性的本体，则不能通晓依靠这种领悟，而将一切有无戏论之网灭除的必要。所以，一提及所谓“空性”，就会执著于无有自性者之戏论，并就此问题而争辩不休。以上内容是根据《显句论》中的含义，以浅显易懂的方式写成的。

因此，如果没有说空性，就不能破除边执，而即使是说空性，也不是要建立单空。具体理由陈述如下：

1 见本品下文偈颂。

诸佛依二谛，为众生说法。

一以世俗谛，二第一义谛。

诸佛为众生明示任何法，都确实是依靠二谛来进行宣说的。何为二谛呢？第一是世间世俗谛，第二是实相胜义谛。

若人不能知，分别于二谛。

则于深佛法，不知真实义。

无论是谁，如果不能通晓明辨此二谛，此人则不能领会佛陀所宣说的深奥真如法性之义。

若不依俗谛，不得第一义。

不得第一义，则不得涅槃。

而要表述所宣胜义的内涵，也必须依赖能诠所诠、能知所知等等世间名言。如果不依赖这些世俗表达方式，就永远不能诠释胜义实相[第一义]；如果不能诠释胜义实相，就无法证达胜义实相；因为对胜义实相不能证达，也就不可能获得究竟涅槃。

所谓“空性”，并不是仅仅将某一个边遮破，而是遮破四边、远离戏论，以名言分别念难以彻见其真面目，并超越世间的。

为了趋入超离世间心境的胜义实相，对任何边戏的任何耽执，都必须以缘起理论予以破斥，并安住于远离一切边戏的境界之中。

遮破某一边戏的单空是名言，而不是真正的胜义。其必要也因为空性必须背离一切戏论，所以对任何法的耽执，都应该予以破除。就像驱除强大的病魔所使用的泻药一样，泻药最终也是必须排泄出来而不能将其留在腹内的。

如果从“无色”的角度进行表述，愚痴凡夫们就会将仅仅遮破色法理解为空性及其必要。（佛陀）考虑到成就大义的目的，所以（暂时）没有遮破一切边，而是（为众生逐步）传授了迂回的对治（边戏）之方。

虽然如何诠说的“空”，都属于名言中安立的法。但是，如果不这样安立，就不能遮破耽执之境，如果不能遮破耽执之境，则在任何时候都没有希望远离戏论。因此，如果不用言语来诠释空性，就不会有任何办法（诠释空性了）。

正如“为假立说故”所言，如果不懂得单空虽然仅仅属于名言，但却是证悟究竟实相必不可少的因，究竟之义是超越空与不空等一切名言戏论的道理，将名言执著为胜义，彼等之人则永远也无法通达超离名言的甚深境界。

如果对方提出：既然如此，则仅仅宣说胜义已经足够，又何必阐释名言呢？

针对被名言戏论所束缚的人而言，如果首先不破除名言戏论，则无法睹见真如法性；如果没有被引往名言正道之中，则无法为其宣说实相真如。所以，（阐释名言是）必要的，如同渡河必须具备的船只一样。因为不宣说胜义，而仅仅安住于名言，就不能获得寂灭一切戏论的究竟涅槃。

由此可知，针对个别众生，是无法同时阐明各别自证的所证——远离四边戏论的，只能逐渐断除增益之边。因为他们将单空理解为胜义，并对（空性的）意义、必要以及本性持颠倒邪见。

这种情形，就如同将泻药存留于体内一样，终将招致损害；也如同（用手）为人指示空中之月，对方却只知紧盯着指尖；或者如同为了让人明白虚空不存在的道理，而告知“虚空是无论如何也不存在的”，对方却不但没有断除虚空之想，反而认为存在“虚空是无论如何也不存在”的法相者，并再次对此耽执不已。无论怎样为其解释，都一如既往，要想令其破除耽执，实在是困难重重一般。

正如《显句论》中“心、名、用三法[1]皆为名言，于胜义中无有且不可诠释”等所要表述的道理一样。因为诸法无有自性，才能使因果以及能作所作等法成为合理。在其他前提下，（这些法）在任何时候都不可能合理。如果能对远离一切边戏的真如法性，具有不倒正见，就可以用这种摧灭老死的甘露，根除轮回之过患，并从而获得恒常离戏无住涅槃法身之果位。

不能正观空，钝根则自害。
如不善咒术，不善捉毒蛇。

因为上述之人难以正确彻见甚深空性之义，这些乏智钝根者的荒谬见解最终必将毁害自己。

如果对方提出：怎么可能毁害自己呢？就像如果没有播下种子，只是

1 心、名、用三法：使用名言的三种情形。“此乃柱也”之想，为分别心；呼“柱”之声，为名言；“是柱故，能营造家宅”为功用。

不能得到收成而已，但对作者应该是毫发无损的一样。（如果不能理解空性，）又怎么会受到什么伤害呢？

这二者之间是迥然不同的。就像不善于捉毒蛇，以及不善于修持明咒一样。其中的第一个比喻是说，如果能利用适当的明咒、法药与窍诀，如理地去擒获毒蛇，就能得到（毒蛇头上的）如意宝珠。反之，如果离开了这些方法，擒拿者反而会受到（毒蛇的）伤害。第二个比喻是说，如果能如理地修持某种明咒窍诀，修持者就会得到利益。如果离开了窍诀，修持者也必将招致毁损。

同样，如果对诸法持单空之见，就或者会毁谤因果与能作所作；或者会对空性以及空性所依靠的各法持谛实之见，从而使空性成为贮积于体内的泻药；或者会说“诸法明明存在，又怎么会是空性呢？”并从而造作舍法之罪。

这些人抱残守缺地将这种单空空性执持不放，最终的结果必然是自取其亡。

世尊知是法，甚深微妙相，

非钝根所及，是故不欲说。

因此，要彻底通晓这种超越缺智少慧钝根者心境的深妙之法，是极为困难的。遍知者佛陀（当初）因为顾忌到这一点，所以不愿意为众生宣说此深奥法门。

经云：“出有坏世尊于方成道时念及：吾之深奥微妙光明法，实非观察、寻思之行境，乃精义入神、贤明聪睿之士方可证达之法。余若为人宣说，他人亦无力解证吾之深境，终将损害于吾，且生畏惧怯懦不悦之心。以是之故，吾当独居寂地，安住于现法乐住[1]之中。”又云：“深寂离戏光明无为法，犹如甘露法性吾已得，为谁宣说亦不可证悟，故当无言安住寂林中。”

庚二（无过之理由）分四：一、否认过患本体；二、宣说功过之处；三、广说回遮他宗之过；四、尚有他过之理。

辛一、否认过患本体：

若汝发太过，谓空为无理。

汝则弃空性，于自宗不容。

（原译：汝谓我著空，而为我生过。汝今所说过，于空则无有。[2]）

如果你们以四谛不合理等说法而发太过，说自宗所承许的自性空之无倒正见有悖正理。你们就已经将诸法之空，也即究竟空性彻底抛弃了，这于自宗而言是于理不容的。

此偈颂的前译应为：“汝谓我著空，而为我生过。汝今所说过，于空则无有。”

辛二、宣说功过之处：

---

1 现法乐住：身心留住今生今世安乐之中。

2 此翻译与藏文版前译派的内容一致，可能鸠摩罗什译师当年翻译的蓝本与前译派的蓝本是相同的，望详察。

以有空义故，一切法得成；

若无空义者，一切则不成。

为什么于理不容呢？因为，只有在诸法是缘起空性的前提下，缘起才可能合理；只有在某法自身本体不成立的情况下，以因缘而产生森罗万象的显现才能有合理的解释；正因为无论如何也不成立，四谛才能有容身之地，其余的诸法才会因此而变得正当合理。我们应当以本体存在不合理的理由，间接推知自性不存在，从而对一切诸法所谓存在的合理性生起殊胜的定解。

无论何法，只要以空性能成立，则于缘起也能成立，四谛等一切万法也因此而显得合情合理；反之，无论何法，如果不是空性，则这种不空之见使缘起也无法合理，并继而使四谛等轮涅的一切名言法，也不可能具有合理存在的理由了。

汝今自有过，而以回向我。

如人乘马者，自忘于所乘。

因为你们承许不空的见解，就以四谛不合理等自心杜撰的过失，对主张自性为空的我们挑三拣四、妄加责难［回向］，但对自己的过错却视而不见。这种情形，就像自己正骑在马上，却忘记了胯下的马匹，反而平白无故地冤枉他人说："是你抢走了我的马！"

虽然你们也正驾驭着具备缘起空性法相的马匹，却因为心绪错乱而不可了知，从而与强调具备缘起大义空性的我们争执不休；虽然你们自己住于四谛等名言诸法，以及宴请、设坐等自性为空的种种缘起名言法中，却对诸法本为缘起力之功效懵懵懂懂，并大张旗鼓地叫嚣：“这一切不是空性！”继而承许此等并非缘起。这一切做法，与前面所述的那种忘记了坐骑的人完全是一丘之貉。这就像对主张他空见的人辩论说“如同马匹一般的所有缘起名言法都被你们毁坏了”一样。

双腿正跨着缘起之马，口中却吼着：“诸法不空！”如果万法果真不空的话，那么这一切名言法都必将招致重创，这与骑在马上却高呼“马不见了”的情况毫无差别。

他们对自己宗派所具有的，四谛等实际上已经不存在等过失熟视无睹，并与其他无谬宗派展开对抗，对（自己所犯的）将缘起自性骏马遗忘之过一无所知，反倒诿过于人，认为他人抢走了自己的马。

总之，那些对自宗妄加评说的错误宗派，实在是与自己正骑在马背之上，却将自己的马忘却的人一样，将自己的过咎忽略，并发自内心地认为：“这一切过错都在于你们！”

上述比喻是极其细微而又深奥的（，应当引起诸位的深思）。

若汝见诸法，决定有性者。
即为见诸法，无因亦无缘。

如果对方认为：倘若诸法不空，四谛等又怎么会不合理呢？

如果你们对诸法，抱着决定存在自性的见解，并且诸法也果真与你们所认为的一样（存在决定的自性），则是因为具备自性就不必观待因缘，所以你们也会见到诸法的因缘或者缘起不存在的结果。

即为破因果，作作者作法。
亦复坏一切，万物之生灭。

这样一来，包括以缘起的作用而产生的果法——瓶子之类的物品，果法之因——陶泥等，作者陶师，作为能作的棍杖、轮盘，作为所作的瓶子，甚至涵及到诸法万物的生灭，以及自因缘而生的果法也都被全盘否定了。

如果首先果法瓶子的自性存在，则因为不需要因法，所以陶泥等等的果法——瓶子也就不存在了。但是，类似“陶泥等等的果法不存在”，以及“在以后因缘聚合之时所生成的果法也不存在”的说法，纯粹是对因果的毁谤。在四部大疏中，对此都有明确阐释。

众因缘生法，我说即是空，
亦为是假名，亦是中道义。

作为中观派的自宗[我]，将自缘起而生的一切法，都解释为自性本体为空。自缘起而生的法，只不过是依靠其自身的设施处而安立的假名而已，如同马车一样。所谓缘起性，也就是远离常断有无等边戏的中观道之真实大义。

如果（诸法的）自性存在，则缘起不合理；反之，如果（诸法）自缘而起，则不应该存在自性。哪怕其中一个条件不具备，诸法就不会产生，因为这一切都是依靠因缘而显现的，所以这种现分是以他法伪装而成的，这种虚假之法并不存在自性。

依靠因缘缘起的现分是虚伪或者可以说是世俗名言中安立的法，它是由现分与自性不成立的法相聚合而成的，所以是远离了有无的中观道，如同水月等等一般。上述这一切，就是中观道之大义。因此，所谓的“中观”“空性”与“缘起”三者，本来就是同一含义，只不过名称不同而已。

未曾有一法，不从因缘生。

是故一切法，无不是空者。

如果详加剖析就可以了知，不是自因缘而生的法一个也不存在。因此，不空的法也丝毫不可能存在。所有万法皆为空性，并且远离了一切过患。

辛三（广说回遮他宗之过）分四：一、无有四谛之过；二、无有三宝之过；三、无有因果之过；四、宣说世间与出世间名言不合理。

壬一（无有四谛之过）分二：一、无有外境四谛之过；二、无有有境智慧之过。

癸一（无有外境四谛之过）分三：一、略说；二、广说；三、摄义。

子一、略说：

若一切不空，则无有生灭。

如是则无有，四圣谛之法。

如果这一切万法都是不空的本体，则因为于缘起不容，所以既不会有生成，也不会有坏灭。如此一来，包括四圣谛也因说不空的你们而成为了无有。

子二、广说：

苦不从缘生，云何当有苦？
无常是苦义，定性无无常。

如果不是从缘起而生，痛苦又怎么可能存在呢？因为（这种所谓的痛苦）无有观待，如同虚空中的鲜花一般。

佛陀云：苦谛乃刹那无常之自性。

但是，具有自性的法，是不可能存在（刹那无常性的），因为无有变迁。

若苦有定性，何故从集生？
是故无有集，以破空义故。

如果存在决定的自性，苦谛又怎么可能从集谛而生呢？既然集谛是从因缘而生的，而具备自性的法，就不会观待于因缘。因此，（集谛不可能具备自性，集谛的存在，）是对空性的极大破坏。我们只有对承许不合理（的集谛存在）者宣布：集谛是不存在的。

苦若有定性，则不应有灭。
汝著定性故，即破于灭谛。

如果苦谛的自性存在，则不应该存在灭除了苦谛的灭谛。因为（你们始终耽著于）苦谛的自性存在，所以永远无法消灭苦谛。你们的这种观点，就是对灭谛的损害。

道若有定性，则无有修道。
若道可修习，即无有定性。

（原译：苦若有定性，则无有修道。若道可修习，即无有定性。）

如果道谛的自性存在，则不修持道谛也应该存在，所谓新的修持也就成了不合理之法。因为恒常之法无法进行，而以真实见等却可以使道谛重复生起。

如果道谛可以修持，就不应该有你们所承许的“道谛自性存在”之说，因为这种说法是毫无意义的。

子三、摄义：

若无有苦谛，及无集灭谛。
所可灭苦道，竟为何所至？

因此，在苦谛、集谛以及灭谛都不存在的时候，以对治的修道而可以将痛苦灭除的道谛又怎能合理呢？绝不会合理。

癸二、无有有境智慧之过[1]：

若苦定有性，先来所不见。
于今云何见？其性不异故。

1 果仁巴将此科判定义为“了知苦谛等不合理”。

如果有境智慧不存在，则始终不能彻见不通过修道而本身自性就存在的苦谛。既然如此，现在又怎么能开始现见苦谛本性呢？难道不是有“了知痛苦以自性而安住”的说法吗？这样一来，（了知痛苦就会）始终安住[不异]于自性，因为不需要重新观待因缘。

如见苦不然，断集及证灭，

修道及四果，是亦皆不然。

如同（不能彻见苦谛的道理）一样，你们所断的集谛、所证的灭谛、所修的道谛及其结果——预流等四果，也如同了知苦谛一样不可能重新建立。

壬二（无有三宝之过）分三：一、无有僧宝之过；二、无有法宝之过；三、无有佛宝之过。

癸一、无有僧宝之过：

是四道果性，先来不可得。

诸法性若定，今云何可得？

如果一味地耽执于自性而不放弃，就可因此而得出结论：因为四果首先以自性而不可得，后来又怎么能重新获得呢？不应该获得。（因为四果以自性而不可得。）

若无有四果，则无得向者。

以无八圣故，则无有僧宝。

如果共同四果不存在，则因为住果[1]的不存在，从而导致向果[2]的不存在。如果这八种圣士补特伽罗都不存在，则僧宝也不应该存在。

癸二、无有法宝之过：

无四圣谛故，亦无有法宝。

因为四圣谛不存在，所以教法与证法也由此而不存在了。

癸三、无有佛宝之过：

无法宝僧宝，云何有佛宝？

既然法宝与僧宝不存在，又怎么会存在佛宝呢？绝不会存在。

汝说则不因，菩提而有佛；
亦复不因佛，而有于菩提。

你们承许佛陀的自性存在，则有不依靠菩提或者遍知智慧的过失，因为（佛陀的自性存在，）无需观待他法。

如果你们承许菩提的自性存在，则有不依靠令其现前者佛陀，也存在觉性果位的过患。

若先非佛性，虽复勤精进，
修行菩提道，不应得成佛。

1 住果：即住果位。安住预流等四沙门果随一之中，不勤策励求证余果者。
2 向果：即向果位。为求随一证得预流等四沙门果，力行策励断除未断自分之应断烦恼者。

（原译：虽复勤精进，修行菩提道，若先非佛性，不应得成佛。）

按照你们的说法，因为自性存在，则首先并非佛陀的修道者，为了获得菩提果位，无论怎样精进修持菩萨行，也不能获得菩提果位，因为先前的自性永远不可改变。

壬三、无有因果之过：

若诸法不空，无作罪福者。
不空何所作？以其性定故。

（如果诸法不空，）就永远不会有任何补特伽罗可以造作法［福］与非法［罪］。其理由为：不空的法怎么能作呢？既然自性已经决定恒常存在，就不可能作。

汝许离罪福，而有诸果报。
罪福因所生，果报则无有。

（原译：汝于罪福中，不生果报者。是则离罪福，而有诸果报。）

如果承许果法的自性存在，则即使没有作为因法的法与非法，其异熟果也会因为你们的承许而在无因的情况下存在。如果这样承认，则与世间以及论典之理相违了。

因为你们的果法不观待因法，所以从法与非法之因而产生的果报；也因为你们的观点而不可存在了，所以，一切作业都成了无有意义。

若谓从罪福，而生果报者。

果从罪福生，云何言不空？

如果你们认为自法与非法之因而产生的果报存在，则观待法与非法而产生的果报又怎么会不空呢？因为（果报）是缘起之法，如同影像一般。

壬四、宣说世间与出世间名言不合理：

汝破一切法，诸因缘空义，

则破于世俗，诸余所有法。

如果损害了缘起空性的意义，承许自性存在的观点，则损害了世间名言中“施予瓶子”等一切万法。

若破于空义，即应无所作，

无作而有作，不作名作者。

另外，对能作所作等空性之法，也因为执持的观点不合理，所以也使其受到了损害。如果一切万法的自性恒常存在，则无论如何也不存在所作，如同谁也无法影响虚空（恒常存在的）无障本质一样。

尽管补特伽罗作者没有正在作的行为，却因为作的自性存在则必然有作，所以无论是谁，在没有作的情况下也会成为有作。这样一来，就有即使没有制作瓶子等物品，也会成为作者的过失。

辛四、尚有他过之理：

若有决定性，众生无生灭，

恒常而安住，远离种种相。

（原译：若有决定性，世间种种相，则不生不灭，常住而不坏。）

如果自性决定存在，众生就既不会有前面的生，也不会有后面的灭，在一切时刻都是恒常安住的。既然如此，则痛苦与欢乐、前生与后世等等世间万法也应该恒常安住，远离一切异彩纷呈的种种变换之相。

若无有空者，未得不应得，
亦无断烦恼，亦无苦尽事。

如果空性的法不存在，则以前没有获得的离于世间之特法，重新也不会获得，包括永远息灭尽除一切痛苦，将过去存在的业与烦恼重新彻底摒弃等法都不会存在。

庚三、通达中观之重要性：

若人能现见，一切因缘法，
则为能见苦，亦见集灭道。

（原译：是故经中说，若见因缘法，则为能见佛，见苦集灭道。）

因此，若有补特伽罗现见缘起之法，则可真实彻见苦谛、集谛、灭谛与道谛。经云“文殊，何人现见诸法无生，则可通达苦谛；若能现见诸法无生，则可断除集谛”等，以及“远离苦与非苦二者之缘起空性，乃谛实真如法性。若未见此性，则未能见谛实真如”。

《中观根本慧论》之第二十四观四谛品释终

二十五、观涅槃品

丁二十五（观涅槃品）分二：一、经部关联；二、品关联。

戊一、经部关联：

《般若经》云“涅槃亦如梦境”等，宣说了无有涅槃的道理。

戊二、品关联：

如果对方提出：倘若诸法皆为空性，那么无余涅槃又怎么会合理呢？在将坏聚见等烦恼盗贼彻底斩杀之后，才能获得仅剩五蕴之城［身体］的有余涅槃，以及寂灭五蕴之城的无余涅槃。（如果诸法皆为空性，）又有什么法被断除以及息灭呢？如果没有五蕴以及业惑烦恼，涅槃又怎么会存在呢？

为了答复“因为涅槃存在，所以诸法也存在”的问难，而宣说本品。

此品分二：一、宣说他宗；二、阐释能损之理证。

己一、宣说他宗：

若一切法空，无生无灭者。
何断何所灭，而称为涅槃？

如果对方提出：倘若内外一切万法都为空性，就既不会有产生或者生成，也不会有毁坏或者破灭。既然如此，你们所承许的通过对治所断除的因法——业与烦恼究竟是什么？究竟息灭了什么作为果法的痛苦五蕴，从而获得涅槃的呢？你们的所谓涅槃是不合理的。

己二（阐释能损之理证）分二：一、宣说他宗之过；二、宣说中观派无过之理。

庚一、宣说他宗之过：

若诸法不空，则无生无灭。
何断何所灭，而称为涅槃？

如果一切万法不是空性，则因为本性存在，所以就不会重新产生或者坏灭。既然如此，那么所断除的因法究竟是什么？所息灭的果法又是什么？从而又获得怎样的涅槃呢？这一切都是不合理的。

庚二（宣说中观派无过之理）分三：一、宣说离边之涅槃；二、破除四边戏论；三、驳斥说法无义之过。

辛一、宣说离边之涅槃：

无弃亦无得，不断亦不常，
不生亦不灭，是说名涅槃。

（原译：无得亦无至，不断亦不常，不生亦不灭，是说名涅槃。）

如果对方提出：既然你们不承认具备断除因法烦恼，以及灭除果法五蕴法相的涅槃，那么请问，（你们所承许的）涅槃自性究竟是如何的呢？

既没有断除以前存在的杂染之法，也没有重新获得前所未有的涅槃本体；既没有五蕴相续的中断，也没有永久安住的恒常；既没有过去存在之法毁坏的破灭，也没有过去无有之法的生成或产生。具备以上这些法性的法，就可称之为涅槃。

辛二（破除四边戏论）分三：一、破除涅槃四边；二、破除证悟者之涅槃；三、宣说以此成立之义。

壬一（破除涅槃四边）分三：一、破承许涅槃之有实与无实；二、破承许二者兼具；三、破承许二者皆非。

癸一（破承许涅槃之有实与无实）分二：一、分别而破；二、共破。

子一（分别而破）分二：一、破承许涅槃之有实；二、破承许涅槃之无实。

丑一、破承许涅槃之有实：

涅槃不名有，有则老死相。
终无有有法，离于老死相。

有部宗的论师提出：所谓涅槃，就是能断灭业与烦恼产生之后续的法，如同水堤一般，所以是有实法，因为无实法是不可能具备任何功效的。

首先，你们所承许的这种涅槃并不是有实法。如果是有实法，则有（涅槃也）存在老死相的过失。因为，始终不会有任何有为法，可以离开往他法转变的衰老，以及具备相续坏灭相的死亡。

若涅槃是有，涅槃即有为。
终无有一法，而是无为者。

如果涅槃是有实法，则涅槃也就成了有为法。因为无论何时何地，始终不可能存在任何是有实法而不是有为法[即是无为法]的法。

若涅槃是有，云何非缘起？
非缘起之法，始终皆无有。

（原译：若涅槃是有，云何名无受？无有不从受，而名为法者。）

如果涅槃是有为法，为什么又说“涅槃不是缘起之法”呢？因为非缘起的有为法一个也不存在，没有观待的法[非缘起之法]如同虚空中的鲜花一般。

丑二、破承许涅槃之无实：

若涅槃非有，何况于无耶？
涅槃若非有，无实亦不成。

（原译：有尚非涅槃，何况于无耶？涅槃无有有，何处当有无？）

如果对方提出：因为仅仅截断业与烦恼的产生就是涅槃，所以涅槃以无实的本性可以存在，或者如同油灯熄灭一般令相续中断。

如果涅槃不是有实法，那么作为无实法自性的涅槃，又怎么能够合理成立呢？其理由为：无论何宗派，只要承许涅槃的自性不是有实法，则因为该宗派遮遣了有实法，所以不观待（有实法）的无实法也不可能以自性而成立。因为要承许为无实法，必须建立在有实法往他法转变的基础之上。

若涅槃是无，云何不依有？
未曾有不依，而名为无法。

（原译：若无是涅槃，云何名不受？未曾有不受，而名为无法。）

还有，如果涅槃是以无实法的本性而成立的，那么涅槃又怎么能不依靠有实法而成立呢？其理由为：任何不依靠有实法而安立的，灭除苦谛、集谛等的涅槃，都不可能以无实法的本体而存在。

如果对方提出：涅槃就是无实法，所谓无实法不一定要依靠他法而成立，有很多其他的无实法也一样地存在着。

如果无实法的本体存在，则在没有得到“因此法不存在，所以是无实法”的前提下，无实法不可成立。

对方将灭尽苦谛、集谛的无实法执为涅槃，但是，如果寂灭苦谛、集谛的无实法不依靠有实法，就根本不会存在。

如果对方又提出：那么，石女的儿子又是依靠什么而存在的呢？

又有谁说过（石女的儿子）是无实法呢？因为（石女的儿子）不是依靠他法而成立的，所以根本就不是无实法。

如云：“如虚空兔角，亦如石女儿，无而说为有，分别亦复然。”（我们说诸法并非有实法的目的，）只是为了遮止有实的分别念，而不是为了建立无实的分别念，因为其所依的有实法不成立。

《显句论》也云："'若石女儿'之说，仅为息灭分别妄念而已。若有实与无实之法皆不可得。则该自性不可得之法，又岂能安立为无实？"以差别事[1]不存在，所以差别法也不存在的理由对此进行了阐释。

我们难道不是说过"针对涅槃（所进行的剖析，）是对独立自成的无实观念而言的，并不是针对于名言而言"的吗？也可以说，石女的儿子根本就不是（名言中的）所知之法。

如果对方提出：那么，石女的儿子究竟又是什么呢？

如果说"石女的儿子是无实法"，则使石女的儿子成为了具备无实法性相的所知之法；如果说"石女的儿子有实无实二者皆非"，我们也不应该耽执二者皆非的性相。

按照月称菩萨的观点：任何所谓"有实法"与"无实法"，如果其二者的事相都不可得，则不应该赋予其有实或者无实的概念，就像不能说"石女的儿子是白色的"一样。要知道，涅槃不是有实法，既然有实法的情形都不存在，那么又怎么能认为涅槃是无实法呢？所谓的无有，只不过是遮破其违品而已。对方关于存在的本体，丝毫也不可建立，因此，也就不能将肯定的说法强加于（涅槃）。

按照清辩论师的观点：

1 差别事：即事物本体，是特征、属性或状态依存之处。

如果对方提出：涅槃是无实法。

但这种无实法，是不可能以自性而成立的。因为在获得灭尽苦谛、集谛的境界之前，（涅槃）并不存在，因为无需观待的（涅槃）并不存在的缘故。如果需要观待，则以其自性就不可（独立）存在了。

也就是说，在“若涅槃非有，何况于无耶？涅槃若非有，无实亦不成。若涅槃是无，云何不依有？未曾有不依，而名为无法”这两个偈颂中的第一个偈颂表示：如果承许无实的涅槃以自性而成立，（这种无实的涅槃）则没有所依。既然没有所依，则不能依靠他法而成立，所以最终无实也不可成立了。

第二个偈颂表示：作为所依之法，也以自性或者本体不可成立。也可以表示为：如果承许涅槃不是以有实法的自性而存在，则该宗派所谓的“无实”，也不应该以所知法而存在。因为，既然“不是有实”的前提可以成立，则“无实”就不可能存在了。

该偈颂还可以表示为：如果有人询问“涅槃究竟是否存在”，则既不能说“不存在”，因为这必将成为辩论之主题；（也不能说“存在”，）如果回答说“存在”，则可以追问：“既然存在，那么究竟是以有实，还是以无实的方式而存在呢？”

如果答案是第一种，则在前面已经予以了遮破。

如果有人认为，涅槃是无实法。

所谓无实法，就是什么也不存在的意思。这是否意味着你们不承认涅槃的存在了？

如果对方回答说：涅槃是以无实的本体而存在的。

这样一来，就有无实法存在的过失。如果承认这一点，则（涅槃）既是无实法又应该存在。如果存在，则涅槃为无实法的立论就无法立足，因为（涅槃的）存在，是无实的违品。所以，所谓“无实”不是以自性而存在的。

如果对方认为：涅槃不存在无实法的本体。

针对这一点，我们可以从两方面来进行观察：涅槃的不存在究竟是否存在呢？

首先，如果涅槃的不存在存在，则存在与不存在又怎能不相违呢？其次，如果涅槃的不存在不存在，则有涅槃也变成存在的过失。

如果涅槃自身的体性成立为无实法，则这种所谓的“无实”也不可成立，因为无实法不可能再次变为无实法。如果以为无实法可以自己单独存在，但成立无实法所必需的因却无论如何都不可寻觅。

如果承许“（涅槃上）业与烦恼的产生等等的有实法不存在”，就必将与涅槃本体的无实相违。所以，我们只是从阻断生之相续反体的角度，才安立涅槃为无实法的。

但是，涅槃自身的本体却是了不可得的。在抓住所谓“涅槃”事相的前提下，无论说（涅槃）是有实还是无实，都不能超越存在的范畴。这就如同说“是白马”或者“不是白马”（都不能超越马存在的可能性）一样。

如同“虚空不是白色”与“虚空的自性”二者，虽然说法各异，但其所表达的含义却不存在异体（，都是建立在虚空本身不存在的基础之上）一样。

如果对方提出：既然涅槃既不是有实法，也不是无实法，那么涅槃究竟是怎样的呢？

三有轮回的来去之法，是远离于缘起而生，或者轮番互相依靠而假立为有的两种戏论的。仅仅不是缘起法还不够，包括假立的戏论也一并遮破的法，才是所谓的涅槃。我们始终无法将涅槃，安立为任何有实或者无实之法。（涅槃）是远离于缘起实有与假立无实二者的。

子二、（共破）分二：一、以理证而不合理；二、以教证而不合理。

丑一、以理证而不合理：

来去轮回法，乃假立缘起；
非假立缘起，是名为涅槃。

（原译：受诸因缘故，轮转生死中；不受诸因缘，是名为涅槃。）

三有轮回的来去之法，包括依靠前世而趋入轮回的行蕴，即蕴轮回；以及以近取五蕴为因而趋入轮回的，也就是前面所讲的补特伽罗轮回。

以假立或者缘起安立或者施设的，包括生成、坏灭、有实、无实等诸法，无论自性是缘起还是假立，其本体都不可成立。真如法性的自性是寂灭并超越一切边戏的，这就称之为涅槃。下面将对此详细加以阐述：

人我以及五蕴从前世来至今世，再从今世去往后世的轮回之法，或者是如同长短一般的假立法，或者是如同自油灯中产生光明一样的，以自身的因缘聚集而产生的法。

而实相真如法性，却既不是依缘假立之法，也不是以缘而生之法，而是远离边戏的法，这就称之为涅槃。也就是说，（涅槃）是远离四边戏论，无论是假立或者缘起都不可成立的法。

果法涅槃无论是以具备诸行或者有实法性相的角度，还是以阻断诸法的寂灭角度来安立，二者都不可成立，所以，安立二者的因也不可成立。

丑二、以教证而不合理：

如佛经中说，断有断非有。

是故知涅槃，非有亦非无。

正如佛陀在佛经中所教导的："诸比丘，何人欲以有实无实法，于三有中寻得出离，此人实乃愚蠢之至也。"也就是说，我们必须断除一切生成有实法，以及坏灭无实法之见。

由此可见，涅槃应该是既不具备有实法性相，也不具备无实法性相的法。

癸二、破承许二者兼具：

若谓于有无，合为涅槃者。

有无即解脱，是事则不然。

如果对方提出：从解脱本性的角度而言，因为解脱的本体存在，所以（涅槃）是有实法；从息灭烦恼等法的层面而言，（涅槃）又是无实法。因此，（涅槃）是二者兼具的法。

如果涅槃是有实法与无实法二者兼具的自性，则你们所谓的解脱，就成了有实无实同体的法，这显然不合理。因为有实无实二者是相违的法，所以不可能位于同体。

如果将既具备（某种）本体，又远离他法的二者兼具之法承许为涅槃。则因为在第一刹那获得了诸行自身的本体，那么，在第二刹那既远离第一刹那诸行，（同时又具备第二刹那诸行本体）的所有诸法，也都成为了解脱。但是，将诸行安立为解脱的观点，是根本无法立足的。

这个道理如同承许火与烟的关系为以本体而成立的因果关系，则有其他因与非因都可以（与果法）安立为因果关系一样的过失。

如果因为有实无实的特点以自性而成立，所以承许（二者兼具的法）为解脱，这样一来，则因为与（前面所说的）前后刹那（诸行）二者相同，所以一切万法也都成为了解脱，这是用是非相同之类推因所得出的结论。

若谓于有无，合为涅槃者。

涅槃非无依，是二从依生。

（原译：若谓于有无，合为涅槃者。涅槃非无受，是二从受生。）

如果承许涅槃，是有实无实二者兼具的法，则涅槃不可能不依靠有实无实法而存在。因为依靠有实法，才能成立无实法；也因为依靠无实法，才能成立有实法。既然有实无实二者都是互相依靠的，所以（有实无实二者兼具的法）必然是缘起法。

有无共合成，云何名涅槃？
涅槃名无为，有无是有为。

由此可知，有实无实二者兼具的法又怎么能是涅槃呢？绝不可能。因为涅槃是超离于有实无实二者的无为法，而依靠有实法产生，以及依靠无实法假立的二者兼具之法，则属于有为法的范畴。这样承许，还有相违的有实无实法二者位于同体的过失。

因缘聚合而产生的法是有实法，无实法也是依靠有实法而成立的。在圣教中也承许：以生之缘而有老死。所以，有实无实二者是自因而生的法，并非不是由因缘而产生的法。

此刻所说的有为法及无为法的概念，并不是按照“有为法是瓶子等有实法，无为法是虚空等无实法”的说法来界定的。以内在含义来衡量，则可解释为：一切缘起之法以因缘而安立为有为法；无有自性、寂灭四边的法，则以因缘之无为分而安立为无为法。

所以，在颂词只说了“有无是有为”的说法，而没有说“有无是有实”。如果此处的有实法与有为法为同一概念，而无为法与无实法也是内涵相同，这样就与前面“若涅槃是无，云何不依有？未曾有不依，而名为无法”一偈，以及后面的“有无二事共，云何是涅槃？是二不同处，如明暗不俱”一偈所阐释的观点背道而驰了。

所谓“有实”的名称，有两种内涵：一种是指中观所指的总所知；另一者，是指与有实无实相对的“有实”，如同“法”的名称等等一样。因此，在不同的时候能善加辨析，是十分重要的。

有无二事共，云何是涅槃？
是二不同处，如明暗不俱。

如果对方提出：虽然涅槃不是有实法与无实法，但涅槃却以有实无实二者的自性而存在。

有实法与无实法二者，怎么可能共同存在于涅槃之上呢？有实法与无实法二者是不可能位于同处的，因为其二者互绝相违[1]。如同光明与黑暗不会在同一地点相汇一样。

因为在有实法瓶子之上，氆氇的无实是假立的。因此，以本性而存在的两种法，在其中一者存在的地方，绝不会有另一者的容身之地。

癸三（破承许二者皆非）分二：一、遮破本体；二、遮破能立。

子一、遮破本体：

分别非有无，如是名涅槃。

1 互绝相违：相违之一种。彼此互相排除，不能同一者。如柱与瓶，常与无常。

若有无成者，非有非无成。[1]

如果将既不是有实法，也不是无实法的第三种成实法诠释为涅槃。（则可以做如下分析：）

倘若所破法无实以及有实二者成立，则遮破有实无实二者的非有非无法也可以成立。但是，前面已经反复地论证过，有实法与无实法二者是根本不存在的。既然如此，遮破其二者的特法——非有非无也不应该成立。所以，非有非无的所谓涅槃也就不会存在了。

即使在分别念面前，遣除所破（的总相），也不能以本体而存在。既然实相是没有任何所破的，那么遮破所破的二破皆俱[二者皆非]法也不可能以本体而成立。

子二、遮破能立：

若非有非无，名之为涅槃。
此非有非无，以何而分别？

如果认为涅槃是既非有实，也非无实的自性。那么请问，这种“非有非无”的法性，究竟是由哪位补特伽罗来明了或者现证的呢？能够证悟像这样的非有非无法的成就者究竟是否存在呢？

如果回答说存在，则在获得无余涅槃之际，也应该存在人我了，对此结论，我们不可能承认，因为即使是对方，也不可能承认近取相续中断的

1 此偈颂与下一偈颂的藏文版本，与鸠摩罗什的译本顺序颠倒，故按照藏文次第进行了调换。

情形。

如果对方提出：证悟者虽然住于轮回，但仍然能了知涅槃。

这样我们就可以提出诘问：（这种所谓涅槃，）究竟是以心识而了知的，还是以智慧而了知的呢？

首先，如果答案是前者则不合理。因为涅槃是没有法相的法，而心识却是具备法相的法，以具备法相的心识，绝不可能了知不具法相的涅槃。

其次，如果回答说，是以智慧来了知的。则因为（智慧是）缘无生空性，又怎么能缘自性成立的此二者呢？（绝不可能成立。）因为智慧是超离一切戏论本性的。

所以，无论是以心识，还是以智慧，都不可能了知非有非无的法。这样一来，非有非无的法也就无法立足了。

壬二、破除证悟者之涅槃：

如来灭度后，不言有与无，
亦不言有无，非有及非无。

如同涅槃不存在有实、无实、有实无实二者兼具以及非有非无四种分别一样，证悟涅槃的如来也不存在以上分别，下面详细阐述：

在如来示现涅槃[灭度]之后，既不能说是有实，同样也不能说是无实、有无二者兼具以及非有非无。正如前面已经论述过的一样，正当显现之时，（涅槃）也是自性寂灭的法。

如来现在时，不言有与无，

亦不言有无，非有及非无。

不仅如此，在如来住世之时，因为无有能取所取的自性，所以不能说是有实；同样，因为无有所破，所以也不能说是无实；又因为（有实无实二者）互相抵触，所以更不能说是有无二者兼具以及非有非无。

如果对方提出：为什么不能说是有实等等呢？

在《观如来品》中已经宣讲过："邪见深厚者，耽执有如来。如来寂灭相，分别有亦非。"涅槃等法也同样如此。

壬三（宣说以此成立之义）分二：一、成立有寂等性；二、成立破无记之见。

癸一、成立有寂等性：

涅槃与世间，无有少分别；

世间与涅槃，亦无少分别。

在正理智慧面前，涅槃自性成立的观点虽然已经被破除，但轮回世间是不可能与涅槃之间存在少许分别差异的；同样，涅槃也不可能与轮回世间存在少许分别差异。

涅槃之实际，即为世间际。

如是二际者，无毫厘差别。

（原译：涅槃之实际，及与世间际，如是二际者，无毫厘差别。）

因为，涅槃的真实边际、实相或者法性，即为轮回世间的真实边际。在二者法性为一体当中，哪怕一丝一毫的差别，也不可能存在一分一厘。

因此，在观察究竟实相的智慧量面前，真实边际的自性，是远离生、住、灭三者的平等性。轮回与涅槃的一切现分，都是本来无别、远离盈亏破立的。舍弃轮回的如来不可能存在，因为（其二者）本为平等之性。

故包括如来的事业、众生的边际、有寂的始末以及正量等诸法，都是始终了不可得的。在了不可得的平等性界中，轮涅所摄的一切万法本自圆满。

胜乘大圆满深妙之见，以圣者龙树菩萨的正理之王，使觉性力明灯之璀璨光芒，在我心中熠熠生辉，驱散怀疑幽暗的甚深定解油然而生。（我不由自主地高声）吟唱道：

“诶玛啊拉拉！

稀有精彩心甚喜！现有悉皆为空无，却生轮涅种种相。因空性故其边际，始终了然不可得。有无现空平等性，文殊金刚啊（ཨ）字形，自龙树王喉间传，融入我心之当下，诵出无现水月咒：

嗡耶达玛黑德抓巴瓦黑顿得堪达塔噶多哈亚挖达，得堪杂哟讷若达诶望巴德玛哈夏玛呢耶索哈。

ཨོཾ་ཡེ་དྷརྨ་ཧེ་ཏུ་པྲ་བྷ་ཝ་ཧེ་ཏུནྟེ་ཥཱནྟ་ཐ་ག་ཏོ་ཧྱ་ཝ་དཏ། ཏེ་ཥཱཉྩ་ཡོ་ནི་རོ་དྷ་ཨེ་ཝཾ་ཝཱ་དཱི་མ་ཧཱ་ཤྲ་མ་ཎ་ཡེ་སྭཱ་ཧཱ།

空无法性自性故，诸现悉皆为缘起。以缘起故无欺惑，称为缘起胜三宝。以此胜见谛实语，则可吞没虚空界，且愿龙树文殊尊，恒常生起欢喜心。”

癸二（成立破无记之见）分二：一、认知所破之见；二、陈述此见非理之因。

子一、认知所破之见：

灭后有无等，有边等常等，

诸见依涅槃，未来过去世。

在如来获得涅槃或者涅槃之后，究竟是有生、无生、二者兼具还是二者皆无四种见解；以及世间界的边际，究竟是有、无、二者兼具还是二者皆无四种见解；再加上器情世间究竟是恒常、无常、二者兼具还是二者皆无四种见解；最后还有身体、寿命究竟为一体还是异体两种见解，共计为十四种无记。

首先，关于如来边际有无等四种见解，是依靠涅槃而安立的；其次，关于世间边际有无等四种见解，是依靠后际[未来]而安立的；第三，关于世间常有与无常等四种见解，是依靠前际[过去]而安立的。

子二、陈述此见非理之因：

一切法空故，何有边无边，

亦边亦无边，非有非无边？

因为一切万法的四边戏论都为空性，所以作为特法的我以及世间后际

（的存在与否，涅槃之后的）有生无生的有边又怎么会存在呢？无边又怎么会存在呢？有边无边二者兼备的亦有亦无边又怎么会存在呢？有边无边二者皆非的非有非无边又怎么会存在呢？

何者为一异，何有常无常，
亦常亦无常，非常非无常？

（还有，包括）身体与寿命的本体为一体的情形又怎么会存在呢？二者本体为异体他性的情形又怎么会存在呢？我以及世间前际存在的恒常又怎么会存在呢？无常又怎么会存在呢？有无二边兼具的亦常亦无常又怎么会存在呢？有无二边皆非的非常非无常又怎么会存在呢？差别事不成立，则差别法也不应该成立。因此，十四种无记也不应该存在。

辛三、驳斥说法无义之过：

诸法不可得，灭一切戏论，
无人亦无处，佛亦无所说。

如果对方提出：既然涅槃的自性不存在，那么大悲佛陀所做的，为众生宣讲涅槃大义的开演彰显妙法之事就成了毫无意义。

胜义涅槃既可以说是寂灭戏论法相，且寂灭自性的；也可以说是因为不可言传，所以寂灭诸戏，因为不可思议，所以寂灭；也可以说是因为烦恼无生，所以寂灭，因为无有产生，所以寂灭；也可以说是因为舍离烦恼，所以寂灭诸戏，因为舍离所有习气，所以寂灭；也可以说是因为所知不可得，所以寂灭诸戏，因为能知不可得，所以寂灭。

因此，包括《圣者如来秘密经》中所说的“寂慧，自如来成道现前无上圆满正等觉之夜，及至无诸取受而获得涅槃之夜，如来未曾说一句法，未来亦不说”等教证，也表明了同一观点。

因为诸法（的自性），也就是涅槃的自性，所以说法者、所说之法以及说法之境等，都是了不可得而寂灭的，包括能得之戏论也一并寂灭。因为无有能取所取二者，所以平等一味，自性寂灭。

出有坏佛陀是寂灭诸边的，因为寂灭的本体不可住，所以驻留之时的执相之缘也彻底寂灭、了不可得。因此，佛陀没有在任何时刻、任何处所，向任何一位补特伽罗宣说过一句染净[1]之法。

至于下面所说的“真法及说者，听者难得故……”是从世俗名言的角度而言的。

《中观根本慧论》之第二十五观涅槃品释终

1 染净：经书所说染污、清净，或烦恼、清净两类事物。

二十六、观十二因缘[1]品

丁二十六（观十二因缘品）分二：一、经部关联；二、品关联。

戊一、经部关联：

佛陀云“以缘起无生，故为缘起”等，宣说了无有十二缘起的道理。

戊二、品关联：

（关于品关联的注释，有以下几种观点：）

按照《无畏论》与《佛护论》两大论著的解释，本品的品关联应为：

如果对方提出：既然你已经将趋入大乘胜义之法门宣说完毕，那么现在就应该阐述趋入小乘论典的胜义法门了吧！

本品的内容，即为针对以上说法的答复。

按照清辩论师在《般若灯论》中的解释，本品的品关联应为：

如果对方提出：既然你们在前面已经讲过，任何人也没有宣说过一句法，这里[经部关联]又说佛宣讲了缘起之理，这种（前后矛盾的说法），难道（对你们的立论）不会有所危害吗？

（本品的内容是为了说明，我们并没有否认现象，）而只是否认了“诸法以本体而存在”的观点。

1 十二因缘：十二有支，或十二缘起。

按照月称菩萨的解释，本品的品关联应为：

如果对方提出：所谓“缘起”的含义，究竟是怎么一回事呢？

本品的内容，就是为了介绍缘起的含义。

我们在这里，却将本品的品关联解释为：

如果对方提出：依照你们的说法：“是故经中说，若见因缘法，则为能见苦，亦见集灭道。”那么轮回和涅槃，不就分别成了顺应或者违背缘起法则的法了吗？既然轮涅无二，那么轮回和涅槃的两种现象又作何解释呢？既然有寂无二，那么世俗名言又怎么会还灭呢？

本品的内容，就是为了宣说无而显现的缘起，或者是为了阐明“乃因真如法性而现见四谛”的观点。

此品分三：一、宣说缘起之理；二、行与非行之差别；三、阐释破十二有支之次第。

己一、宣说缘起之理：

众生痴所覆，为后起三行，
以起是行故，随行入六趣。

尚未证悟真实义的（众生），因内心被无明愚痴所遮覆，为后世而造作福业、非福业以及不动业三种行蕴。因为是以三门而行，从而使诸业成为转生六道或者五趣众生之因。

随诸行因缘，识受六道身；
依靠诸识故，而成于名色。

（原译：以诸行因缘，识受六道身。以有识著故，增长于名色。）

诸行的果法，也即作为轮回种子的识，是因随顺诸行，而受身（六道）成为天人等众生之识的。在诸识形成之后，依靠诸识又形成了受、想、行、识四名蕴[1]，以及凝酪[2]、膜疱等色蕴。

《显句论》云："此等诸法，皆如色法与影像之理。若最终死亡之诸蕴毁灭，则仅于第一刹那，即如同秤杆（两端）之高低般形成所生之诸蕴，且随业力趋往之方向而受生。是故，于母胎中识蕴闷绝之时，识蕴之果法——名色亦由此而生……"

依靠名色故，因而生六入；
依靠六入故，而生于六触。

（原译：名色增长故，因而生六入。其中后两句在鸠摩罗什的译本中缺漏，此处依照藏文版本予以增补。）

同样，一旦名色形成，其果法眼根等六处［入］也随之而产生。依靠六处而与六境［尘］和合，又继而产生了（六）触。

依眼根色法，作意而生触；

1 四名蕴：受、想、行、识四者集聚成蕴，即意身。谓身心两分中之属于心之一分者。
2 凝酪：胎藏五位之第一位或结胎第一七日。父精母血初成，凝酪尚未形成薄膜。亦名芥子位或羯罗蓝位。

是故依名色[1]，而生于识[2]处。

（此偈颂在鸠摩罗什的译本中缺漏，此处依照藏文版本予以增补。）

触究竟是怎样产生的呢？以眼根为增上缘，以色法为所缘缘，以作意为等无间缘，并依靠受等遍行[3]而产生了所谓“触”。

那么，什么又叫做触呢？

也就是说，触的等无间缘为作意，也即四名蕴。而眼根和外境色法，也就是（前面所说的）第一种（增上）缘，与第二种（所缘）缘，则属于色蕴的范畴，依靠这三者，从而产生眼识。

情尘以及识，三者之和合，
彼者即生触，由触而生受。
以受生渴爱，因受生爱故。

（原译：情尘识和合，以生于六触；因于六触故，即生于三受。以因三受故，而生于渴爱。）

其[触]本体是由眼根[情]、色法[尘]以及眼识三者和合，而判断出外境的悦意、不悦以及中庸（的心所），就称之为眼触。

1 名色：此处的名色概念，与《俱舍论》中所讲的十二有支之一的名色概念略有不同，望斟酌。
2 识：此处的识，不同于《俱舍论》中所讲的十二有支之一的识，而是指眼、耳、鼻、舌、身、意六识的识。
3 遍行：随同心及其他一切心所生起的心所法，包括受、想、思、触等。

以判断外境的触，就会因悦意外境而产生快乐等诸受。其余的触、受［指耳、鼻、舌、身识，以及由耳识等所产生的乐受等］也与此相同。

如果产生乐受，就会生起不离开乐受的渴爱；如果产生苦受，就会生起要脱离痛苦的渴爱；如果生起等舍，就会产生令其不退失的渴爱。这样以受为缘就产生了爱，因为以对外境的不同感受，可以产生相应之爱。

因爱有四取，因取故有有。

一旦产生爱，就会以爱为缘而产生取。究竟有哪些取呢？所谓取，就是指欲取、见取、戒禁取与我语取四者。取就是由此而形成的。

一旦有了取，就会因为取而使业具有能力，取受者也就会流转于三有，“有”也就由此而形成了。

若取者不取，则解脱无有。

如果能以妙观察智而不依存于取受，则三有的本体也就不会产生。所以，一旦不存在取受，则就成为了解脱者，三有也就不存在了。

从有生五蕴，从有而有生。

（原译：从有而有生。其中第一句在鸠摩罗什的译本中缺漏，此处依照藏文版本予以增补。）

所谓三有，即以三门所作之业，是五蕴之因法。因为由此而产生未来五蕴，所以是以果法（五蕴）而安立因法（三有）之名的。身语所作之业属于色蕴，而意业则为其他四蕴。此处的“有”，也就是指业的有。因为将来会形成生有，（故未来五蕴也就必然成立，）所以是以果法而安立因法之名的。

从生有老死，从老死故有，
忧愁及哀号，痛苦与不悦，
以及诸迷乱。

（原译：从生有老死，从老死故有，忧悲诸苦恼。其中部分内容在鸠摩罗什的译本中缺漏，此处依照藏文版本予以增补。）

三有之业因爱受而增盛，从而产生了来世的生，由生就会导致老死、忧愁、哀号、痛苦、不悦以及迷乱的出现。此处的“老”，是指五蕴的成熟；“死”是指五蕴的坏灭。

远离欢喜或者死亡之时，因为具有贪欲烦恼，就会产生内心的苦恼、哀愁，以及由哀愁所引发的口中之哀号，因身体或五根遭受伤害而导致的痛苦，因内心遭受重创而导致的不悦，以及因痛苦与不悦而产生的身心迷乱。

如是等诸事，皆从生而有。
是故大苦阴，但以因缘生。

（原译：如是等诸事，皆从生而有。但以是因缘，而集大苦阴。）

因为这一切，都是由生而引发的，所以诸多痛苦忧伤聚集的大苦蕴，是远离我与我所，或者可以说是空性的，这一切都仅仅是依靠因缘而产生的。也可以说，所谓苦蕴，也就是“不夹杂欢乐”的意思。

己二、行与非行之差别：

生死根即行，诸智者不为，

愚者即行者，智非见性故。

（原译：是谓为生死，诸行之根本。无明者所造，智者所不为。）

（十二缘起的）还灭：因为，作为生死轮回的识等之后十有支根本的，即为诸行。因此，证悟真如法性的圣者，就不会再造作引业。按照前译文，本偈颂应为：“智者不造作，轮回根本行。”

生死轮回的根源，也就是诸行。所以，无有智慧的凡夫就是诸行的造作者。而作为智者，是不会造作诸行的，因为他们已经通达真如实相。

以无明灭故，诸行则不生。

（原译：以是事灭故，是事则不生。）

如果对方提出：为什么（智者）不会造作诸行呢？

因为（轮回）不能直接灭除，而需要连根拔除。也就是说，如果消灭了无明，诸行也就不可能产生。

己三、阐释破十二有支之次第：

若欲灭无明，以智修法性。

前前若能灭，后后则不生。

（该偈颂在鸠摩罗什的译本中缺漏，此处依照藏文版本予以增补。）

消除无明的方法，是以缘起妙观察智而修持真如法性。作为因法的无明等一旦能被消灭，则其果法也即后面的有支也就不会再次出现了。

但是苦阴聚，如是而正灭。

这样一来，因轮回苦蕴不会再产生，所以也就被彻底消灭了。

《中观根本慧论》之第二十六观十二因缘品释终

二十七、观邪见品

丁二十七（观邪见品）分二：一、经部关联；二、品关联。

戊一、经部关联：

经云“以真实现见缘起之智，则不依前、中、后际”等，宣说了无有诸见的道理。

戊二、品关联：

（关于品关联的注释，有以下几种观点：）

按照《无畏论》与《佛护论》两大论著的解释，本品的品关联应为：

如果对方提出：现在应该依靠与声闻乘观点一致的经典内容，来宣说诸见不存在的道理。

本品的内容，即为针对以上说法而做出的答复。

按照清辩论师的解释，本品的品关联应为：

如果对方提出：五蕴是存在的，因为诸见存在。

（本品的内容）是为了宣说诸见不存在的观点。

按照月称菩萨的解释，本品的品关联应为：

如果对方提出：按照经书的说法“若能现见缘起，则不依前后际”，那么又是怎样不依前后际的呢？

（本品的内容，）就是为了回答对方的提问。

此品分二：一、认知相违之见；二、宣说破见之理。

己一、认知相违之见：

我于过去世，有生与无生，
世间常等见，皆依过去世。

（原译：我于过去世，为有为是无，世间常等见，皆依过去世。）

人我在过去世有生、无生、（二者兼具以及二者皆无）等（四种见解；）加上世间界为恒常、（无常、二者兼具以及二者皆无）等四种见解，一共为八种见解，都属于依靠前际[过去世]（而安立的）十六种见解的范畴。利用缘起的智慧，就可以将彼等彻底铲除。

此处“人我在过去世有生”的说法，与“（世间界为）恒常”的说法，二者的含义是相同的，只不过是局部与总体的关系，或者是以执著方式而划分为异体的。

所谓的前后际，是指依靠现有的身体五蕴而安立的过去以及未来的情形。“际”，就是指其前后的阶段。也包括在未来世，也即现在之后的其他时刻，究竟是有生还是无生等见解。

人我在过去世有生、无生、二者兼具以及二者皆无等四种见解；加上世间界的我以及五蕴二者为恒常、无常、二者兼具以及二者皆无等（四种）见解，都是依靠前际[过去世]而安立的。

我于未来世，有生及无生，

有边等诸见，皆依未来世。

（原译：我于未来世，为作为无作，有边等诸见，皆依未来世。）

在未来的其他时刻，人我的有生、无生、二者兼具以及二者皆无等四种见解；加上世间界的我以及五蕴二者的有边、无边、二者兼具以及二者皆无等（四种）见解，一共为八种见解。这些见解都是依靠后际[未来世]而安立的。以上文字，宣说了所破的（十六种）邪见。

己二（宣说破见之理）分二：一、安住于名言缘起如幻而破邪见，或为别破；二、安住于胜义离戏而破邪见，或为共破。

庚一（安住于名言缘起如幻而破邪见，或为别破）分四：一、破依前际而安立之有生等四种邪见；二、破依后际而安立之有生等四种邪见；三、破依前际而安立之恒常等四种邪见；四、破依后际而安立之恒常等四种邪见。

辛一、破依前际而安立之有生等四种邪见：

过去世有我，是事不可得。

过去世中我，不作今日我。

关于"人我在过去世有生"的说法是不合理的，因为在过去世中产生的那个人我，并不是现在的这个人我。

若谓我即是，而身有异相。

若当离于身，何处别有我？

如果对方认为：过去世中的人我，就是现在的人我。

但事实并非如此。因为过去与未来的取受五蕴[身]是异体的法，其二者不可能是一体。

如果对方认为：虽然先后的取受五蕴为异体，但（先后的）人我却是一体的。

这种说法无法立足。因为，在离开了取受五蕴[身体]的情况下，你们所谓的人我又能在别的什么地方存在呢？因为不可得，所以（这样的）人我是不存在的。

离身无有我，是事为已成。
若谓身即我，若都无有我。

在“离开取受五蕴[身]的人我，不可能单独存在”的观点已经成立的时候，如果还想承许取受五蕴[身]就是人我，那么就不存在人我了。

但身不为我，身相生灭故。

为什么取受五蕴不是人我呢？因为这些五蕴是有生有灭的，这与人我的法相相违（，所以，取受五蕴不可能是人我）。

云何当以受，而作于受者？

如果对方认为：承许取受五蕴就是人我并没有过失。

怎么能将所取受的法变为取受者呢？（绝不可能。）因为作者与作业并不是一体。

若离身有我，是事则不然。

无受而有我，而实不可得。

如果对方认为：人我是存在于五蕴之外的。

但人我是不可能离开取受五蕴[身]而在他处单独存在的。如果承许在五蕴之外存在人我，则在没有取受五蕴[受]的情况下，人我也应该能够得到，但（这样的人我）无论如何也无法得到。

今我不离受，亦不但是受，

既非无有受，无有亦不定。

（原译：今我不离受，亦不但是受，非无受非无，此即决定义。）

由此可见，人我既不是离开取受五蕴的异体之法，也不是取受五蕴本身，更不是不观待取受五蕴而存在的，也不一定是依靠在名言中不存在而安立的，它与兔角的情况是迥然各异的。

过去我不作，是事则不然；

过去世中我，异今亦不然。

如果又承许人我在过去世无生，也是不合理的。同样，过去世产生的所谓人我，与现在的人我本性也不存在异体的关系。

若谓有异者，离彼应有今，

与彼而共住，彼未亡今生。

（原译：若谓有异者，离彼应有今，我住过去世，而今我自生。）

如果承许现在的人我与过去的人我本体为异体，则因为其二者互不观待的缘故，则有在过去的人我不存在的情况下，现在的人我也会产生的过失；这样一来，还有过去的人我与现在的人我可以如同瓶子与氆氇一样共存的过失；以及在所依的前世没有死亡的前提下，今生仍然可以产生的过失。

如是则断灭，失于业果报，

彼作而此受，有如是等过。

如果承许前后各异、刹那毁灭的人我本体存在，则因为现在人我的过去世人我已经毁灭，所以有断灭的过失；还有作业者人我所作的作业失坏；以及前世已经消失的其他人我所作之业，却让后世新生的另一个人我来承受等众多的过失。

先无而今有，此中亦有过。

我则是作法，其生亦无因。

（原译：先无而今有，此中亦有过。我则是作法，亦为是无因。）

另外，如果承许先后人我二者的自性为异体的他法，那么（现在的人我）是原先没有产生而后来新产生的。

但是，人我不应该是原先没有产生而后来新产生的。因为，如果人我是原先没有产生而后来新产生的，就会导致一系列的过失。

如何导致呢？首先，如果这样承许，则观待于过去而新产生的人我就必将成为依靠因的所作法。如果是依靠因的所作法，则会成为无常，如同瓶子一样。

其次，如果承许人我为新产生的法，那么，这种没有先后时间差别的人我总相，就应该与此时新产生的人我为一个本体。这样一来，则现在的人我与过去尚未产生的人我一样，都与人我的总相完全相同。因为这些同类的人我在过去并不存在，那么就有存在开端，原先不存在的众生可以新产生的过失，以及在原本没有产生的情况下，无因或者不需观待而产生的过失。这也就是偈颂中“亦”字所带出的无因之过。因为相同的人我在过去并不存在，而是新产生的，所以（这种新产生的人我）就会成为无因。

另外，我们也可以（将偈颂中的“亦”字，）替换为“或”字，也就是说，（如果这样承许，）就有人我成为有为法，或者人我（的产生）有无因的过失。否则，就不能承认过去未产生。

如过去世中，有生无生见，
若共若不共，是事皆不然。

（原译：如过去世中，有我无我见，若共若不共，是事皆不然。）

由此可见，人我在过去世有生、无生、二者兼具或者二者皆非等依靠过去世而安立的见解，都是不合理的。

辛二、破依后际而安立之有生等四种邪见：

我于未来世，为作为不作，
如是之见者，皆同过去世。

对于（人我）在未来的他世有生[为作]、无生[为不作]、二者兼具或者二者皆非的见解，也可以用与抉择过去世见解相同的方式加以破斥。即用“未来世有我，是事不可得。未来世中我，不作今日我……如未来世中，有生无生见，若共若不共，是事皆不然”等推导，只需将个别词句进行变换即可。

辛三、破依前际而安立之恒常等四种邪见：

若天即是人，则堕于常边。
天则为无生，常法不生故。

在人道众生因造作善业而转生天界之时，如果此天人就是（以前造作善业的）彼人，那么三有轮回就会堕于恒常之边，所以不合理。（如果这样承许，）则天人也就成为了无生，因为恒常之法不存在生法。

若天异于人，是即为无常。
若天异人者，是则无相续。

如果人是成立于天人之外的异体他法，则（三有轮回）就成为了前法寂灭而后法产生的无常之法。如果天人与人为异体的他法，则前后相续为一体的说法就无法成立，因为（前后的相续），如同芒果树与山豆根的果实一样（大相径庭）。

若半天半人，则堕于二边。
常及于无常，是事则不然。

如果对方认为：从生命或者人我的角度而言，人与天人二者为一体，但从身体的角度而言，二者却是迥然各异的。

如果一方面是天人，而另一方面又是人，则会堕于恒常与无常的二边，这种见解是彻头彻尾的荒谬之见。

若常及无常，是二俱成者。

如是则应成，非常非无常。

如果“恒常”与“无常”二者兼具的法可以成立，那么就必须承认非恒常与非无常（二者兼具）的法成立。既然已经成为所破的恒常与无常二者兼具的人我本体丝毫也不存在，那么二者皆非的（人我）也不可成立。

这里所说的于同体中恒常与无常二者，如果是以异体的方式而成立，则为二者兼具；如果是以一体的方式而成立，则为二者皆非。如果将恒常视为无常，将无常视为恒常，但（常与无常）二者是如同光明与黑暗一样不可位于同体的法，又怎么能在见到其中一者的时候，又见到另一者呢？

法若定有来，及定有去者。

生死则无始，而实无此事。

如果对方认为：从无始以来，（众生）以连续不断的生生死死一再流转漂泊，以及未来的流转漂泊是实有存在的，这种恒常存在的轮转者，就称之为人我。

如果承许人我或者五蕴从以往向此时的来，以及前往何处的去以自性而存在，则人我就成为没有开始，也就是从无始以来即恒常存在的法。但事实上，这种情况并不存在。因为在十六品［观缚解品］等各品中，已经宣说了人我或者五蕴无论以自性而成立为常与无常，其来去［流转］都不合理的理由。所以，所谓“无始轮回”的说法，只不过是分别心假立的法而已。

今若无有常，云何有无常，

亦常亦无常，非常非无常？

由此可见，如果轮回不存在丝毫的恒常，那么无有始终的轮回又怎么会是无常的呢？因为无始无终并非一刹那的法，而无常又是刹那之性。既然如此，那么所谓前后世的取舍者又怎么可能应理呢？绝不可能。

还有，如果恒常之法丝毫也不存在，那么寂灭的无常又是指什么呢？作为无常之法，就不能被无常所吞噬，因为是刹那性的，故而以他法不可毁灭，如同以水不能使水潮湿一样，并且不存在非无常的法。

既然如此，那么无常究竟是什么样的呢？

对此，诸大派别都异口同声地说过：“以‘恒常无常中，悉皆无无常’就可以将（无常）驳得毫无立锥之地；而以‘无常中无常，常亦无无常’又可以举一反三地类推二者兼具的情形；这样一来，证明二者皆非不存在的破斥方法也就一目了然了。”所立之法也因此而不可存在了。

因此，包括单独的恒常与无常，以及汇集其二者的二者兼具都被驳得荡然无存，二者皆非的情形也随之而不可能再有安身之处了。

辛四、破依后际而安立之恒常等四种邪见：

若世间有边，云何有后世？
若世间无边，云何有后世？

如果世间的人我及五蕴为有边，则为断灭之法，那么又怎能会有轮回世间的后世呢？如同阿罗汉最后的身体一样。

反之，如果轮回世间为无边，又怎能会有轮回世间的后世呢？因为并没有新产生跟随前世五蕴的后世取受五蕴，前后世的五蕴完全成为了一体。

五阴常相续，犹如灯火焰。
以是故世间，不应边无边。

为什么呢？因为，五蕴既在接连不断地延续，又在（接连不断地）毁灭前法[前面的五蕴]，如同灯火的火焰也是以接连不断生灭的方式出现的一样。因为前法的毁灭，所以遮破了有边；又因为后法的产生，所以又遮破了无边。

以灯的比喻可以揭示出：所谓前际仅仅为有边，或仅仅为无边的说法，都是不合理的。

若先五阴坏，不因是五阴，
更生后五阴，世间则有边。

如果前一刹那（的五蕴）已经毁灭，并且依靠前面正在毁灭的五蕴，也没有产生后面的五蕴，如同灯火熄灭了一般，那么世间也就成了有边。

若先阴不坏，亦不因是阴，

而生后五阴，世间则无边。

如果前面（的五蕴）没有毁灭，并且也没有依靠前面的五蕴，而产生后面的五蕴，那么世间也就成了无边。但以上的两种假设都是不合理的。

（鸠摩罗什原译中“真法及说者，听者难得故，如是则生死，非有边无边”一偈，在藏文原文中遗缺。）

若世半有边，世间半无边。

是则亦有边，亦无边不然。

如果（世间的）一半是有边，而另一半是无边，那么世间就成了有边无边二者兼具的法。但是，因为其二者相违，所以这种假设不合理。

彼受五阴者，云何一分破，

一分而不破？是事则不然。

其理由是：怎么能说取受（五蕴）者的一半已经坏灭，而另一半又尚未坏灭呢？我们通过两方面所阐述的理证，都可以将其推翻。因此，取受者不应该是（坏灭与非坏灭）二者兼具的法。

受亦复如是，云何一分破，

一分而不破？是事亦不然。

还有一个理由：作为近取五蕴的受蕴，怎么会一半已经坏灭，而另一半又尚未坏灭呢？这种情形也是不合理的。

若亦有无边，是二得成者。

非有非无边，是则亦应成。

如果所破之法亦有亦无边可以成立，那么就应该承认遮破该法的第三种法——非有非无边也能以本体而成立。但这种假设也是不合理的。

由此可知，正是对因果的取舍，从而导致五蕴如同灯火一般持续不断地往后延展。

因为以五种方式在取受五蕴上都不可寻觅，所以相违的坏灭与非坏灭不可能聚集于同体之上。

庚二、安住于胜义离戏而破邪见，或为共破：

一切法空故，世间常等见，

何处于何时，谁起是诸见？

依照胜义离戏的观点：因为内外一切法，都是如同影像一般的缘起空性之法，所以，关于（世间）恒常、无常等的四边十六见，无论在任何处所、任何时刻，哪位补特伽罗又能以什么理由而生起呢？绝不可能，因为已经证达彼等一切皆为空性。

《中观根本慧论》之第二十七观邪见品释终

乙三、随念恩德之顶礼[1]：

瞿昙大圣主，怜愍说正法，

悉断一切见，我今稽首礼！

（原译：瞿昙大圣主，怜愍说是法，悉断一切见，我今稽首礼！）

（众生）怙主（释迦牟尼佛）敷演正法之因，不是为了求得名闻利养等回报，而是以极其清净的先见之智，以及无缘大慈大悲之心，为了令其断除一切颠倒边执恶见的需要，而摄受一切众生，宣说般若波罗蜜多缘起离戏寂灭之正法的。

（我龙树）以感恩戴德之心，向无等本师释迦狮子表示真诚的敬礼！

所谓正法中的“正”，是指不住于二边的遍知妙智之同类因，以及究竟断证之正因；所谓“法”，是指贤善或者护持圆满二利之力。也可以这样解释，所谓“正”，是指诸圣者；所谓“法”，是指救脱于轮涅有寂之险隘。还可以这样解释，所谓“正”，是指为圣者所称叹；所谓“法”，是指从执著边见之险崖处获得救护。[2]

所谓“瞿昙”[3]，是因为（世尊）出生于瞿昙大仙人种姓，所以冠以（“瞿昙”）之美称。

---

1 此颂为作者在全文最后之顶礼句，不属于第二十七品内容，为示区别故页眉有所调整。

2 此段落为了便于理解，其先后顺序稍作调整。

3 瞿昙：乔达摩的另一种音译，意为最胜，古印度一氏族名。释迦牟尼佛即出生于此族，故经书中常称其为“瞿昙”。瞿昙也是古印度传说中一位仙人的名称。

甲三、末义：

这里的末义，也即为论著撰写圆满所作之跋。

归属大乘对法之义，阐扬胜义真如法性，开显（圣）般若波罗蜜多之理的《中观根本慧论》，乃为拥有不可掠夺之智慧与悲心，开演如来无上大乘之理，成就极喜地之果位，前往极乐刹土，于“极净光世界”成佛，号“智源光如来”之圣者大阿阇黎——龙树菩萨圆满撰著完毕。

奉拥有殊胜自在妙智之具德大国王赤松德赞之圣诏，印度中观大论师，堪布[法师]杂加纳嘎巴达[益西娘波[1]]，与主校比丘焦若·鲁坚赞[2]译师共同翻译、校勘并订正。

该论共二十七品，四百四十九偈，共计一卷半。

之后，于克什米尔慧美继鸿城[妙臂城]中心的仁亲卫寺[藏宝寺]内，克什米尔堪布——大智者哈萨玛德[夏波洛珠]，与西藏译师巴擦尼玛扎[日称]，于（克什米尔）国王帕巴拉[圣天国王]年间，根据与克什米尔版本相符之《显句论》，再次进行修订。

随后，于拉萨大昭寺殿内，印度堪布嘎那嘎瓦马色及国卡[金铠]与译师（巴擦尼玛扎），（依照印度东西方各类版本）再次进行大校。

---

1 益西娘波：即智藏论师。约七八世纪时，古印度一佛学家，著中观二谛论，持自续派中观见。

2 焦若·鲁坚赞：八世纪中，赞普赤松德赞时代青年三译师之一。译有《解深密经大疏》四十卷、《了义中观》《般若要义》和《抉择诸法关枢》等经籍。

印藏圣贤所宣义，智者轻易而传引，
以上师语为庄严，趋入圣者密意境。
遵循前辈无垢之传统，以宣无谬殊胜善妙语，
为证绚烂清净大光明，故当趋入而获聪睿智。
愿此善令无缘法藏道，广弘十方灭除有无边，
论妙理者普获具德智，发出实相狮子之吼声。

根据雪域中部之语狮子，了义大全知麦彭蒋扬南加加措亲书之笔记，承蒙前噶托寺加衮思德仁波切提供誊写顺缘，并赐写前后颂词。然因其余志未了而匆匆辞世，故令校正等不甚周密。

十五胜生周之丙寅年（1926 年），于协亲寂地胜乐吉祥增善寺，由协亲结美白玛南加，与自在演说教理之（成就者）——堪仁波切根桑华丹对照颂词注释反复校对，并最终定稿。

愿以此善根能圆满文殊怙主金刚持师徒之心愿，并成为正法与众生获得广大利益之因。

二 OO 四年四月初八译竟于
色达喇荣五明佛学院